修炼领导力

优秀校长的成长手记

主　编　李　雯
副主编　杨秀治　余　新　孟　瑜

中国人民大学出版社
·北京·

序　言

本书是广西北海市中小学名校长培养“领航工程”项目系列成果之一。

广西北海市中小学名校长培养“领航工程”项目是广西北海市教育局委托北京教育学院设计并组织实施的中小学、幼儿园名校长、名园长培养项目，培训时间为期两年半，从 2014 年 10 月至 2017 年 3 月，培训对象为北海市 19 位优秀中小学校长和幼儿园园长，项目设立了幼儿园、小学、初中、高中四个工作室，项目活动包括总项目活动集体活动和各工作室分头活动两种类型，培训活动以现场诊断调研、理论学习、个案分析、交流研讨、课题研究等形式在北海、北京两地交替进行。

“领航工程”是北京教育学院承接的第一个中小学名校长培养的高端、长期委托培训项目，是学院高端、长期委托培训项目的新探索。为此，学院为本项目配备了高水准的培训团队，各个工作室分别配备了学术导师和实践导师。学术导师由北京教育学院资深教授担任，幼儿园、小学、初中、高中四个工作室的学术导师分别为杨秀治教授、余新教授、孟瑜副教授和李雯教授。实践导师由北京市知名幼儿园园长和中小学校长担任，幼儿园、小学、初中、高中四个工作室的实践导师分别为北京市第五幼儿园的朱小娟园长、北京第一师范学校附属小学的张忠萍校长、北京市三帆中学的李永康校长、原北京市第十四中学的王建宗校长。项目负责人为李雯教授，项目学术助理和秘书为李娜博士、马小虎老师，原北京教育学院党委书记马宪平教授担任项目的总顾问。

“领航工程”项目的整体目标是通过为期两年半的多种学习方式，重点培养广西北海市基础教育系统具有先进教育理念、独特办学实践、鲜明办学风格、突出管理绩效的高素质、示范型的北海市优秀中小学校长、幼儿园园长，打造北海市校长、园长队伍的领军人物，促进校长、园长所在学校、幼儿园办学实践创新和质量提升，进而打造北海市教育系统的标杆学校和幼儿园，促进北海市基础教育的变革与发展。具体体现在三个方面：一是通过学习和研究深化校长、园长对于教育和办学实践的理性认识；二是通过学习和研究解决学校当前办学实践中的核心问题；三是通过学习和研究提炼校长、园长的办学思想，发展学校、幼儿园的办学特色。

基于长期培训实践探索中对名校长、名园长及其成长规律的基本理解，在项目启动之前，北京教育学院项目组确定了北海名校长培养“领航工程”项目的基本定位，主要包括以下五个方面：其一要深刻了解校长、园长任职以来的办学实践历程和个人专业素养特点，基于校长、园长专业发展的现实状况和发展起点来开展研修；其二是要针对校长、园长的核心岗位职责和关键专业能力进行系统的理论和实践学习，提升校长、园长的理性认识、丰富办学经验；其三是要指导校长、园长细致梳理和深入研究当前办学实践中的核心问题，提炼自己的办学思想，在深入研究中提升校长、园长专业水准；其四是要引导校长、园长关注和研究教育家型校长、园长群体的成长历程、专业素养和办学特点，明确自己专业发展的路径和策略；其五是要指导校长、园长把培训所学和课题研究应用到自己学校、幼儿园的办学实践，在实践探索中开展研究，在研究中推进实践发展。此次出版的培训项目成果正是这种基本定位及其实践落实的重要体现。

两年半的研修过程一路探索、一路艰辛，也一路收获。本项目的系列研修成果包括四本著作：《寻找教育的秘钥——好学校是如何成长的》、《修炼领导力——优秀校长的成长手记》、《润泽生命静无声——广西北海中学和谐教育的实践探索》和《我在三所学校的办学之旅》。其中前两本是参加“领航工程”项目的19位校长、园长的集体研究著作；第三本《润泽生命静无声——广西北海中学和谐教育的实践探索》是“领航工程”项目学员北海中学的校长苢佑文、书记曾承炜、副校长杨迅的合作研究著作；第四本《我在三所学校的办学之旅》是北海三中原校长、北海外国语实验学校现任校长杨惠萍的个人研究著作。

本书《修炼领导力——优秀校长的成长手记》是19位校长、园长在“领航工程”项目实施中的个人叙事研究成果。在“领航工程”项目启动之初，项目组要求每位校长、园长聚焦自己当前办学实践中最关注、最困惑，也是学校、幼儿园当前变革与发展中急需解决的关键问题开展课题研究，同时还要针对对自己专业发展影响最大的关键事件进行全面梳理和理性思考。本书呈现了校长、园长们梳理、分析和总结自己专业成长历程中的关键事件的心路历程和细致思考。

本书由参加广西北海市中小学名校长培养“领航工程”项目的19位校长、园长共同撰写，“领航工程”项目幼儿园、小学、初中、高中四个工作室的学术导师杨秀治教授、余新教授、孟瑜副教授、李雯教授对校长、园长研讨个人成长关键事件进行了悉心的指导，对叙事研究撰写进行了细致的修改，全书由“领航工程”项目负责人李雯教授编辑和统稿。

本书呈现了北海市优秀中小学校长、幼儿园园长透过个人职业生涯关键事件梳理和分析校长、园长专业发展的理性思考，体现了他们探索自身专业成长的教育经验与智慧。有些梳理和分析还比较稚嫩，需要在后续的工作实践中进一步完善，但是却呈现出他们专业成长过程中的本真状态和鲜活思考。这些“不完美却真实、接地气”的思考对于研究和改进中小学校长、幼儿园园长专业成长有一定的参考价值。由于水平有限、时间紧张，书中的错误和疏漏在所难免，恳请广大读者批评指正。

李　雯
2017年12月于北京

目 录

第一部分　幼儿园园长领导力修炼

第二部分　小学校长领导力修炼

第三部分　初中校长领导力修炼

第四部分　高中校长领导力修炼

第一部分　幼儿园园长领导力修炼

因知而爱，因爱而行

——我的本土文化课程建设之路

北海市第一幼儿园　张重宁

5月一天的晴朗午后，天空湛蓝，白云如棉花糖一样大朵大朵地飘着，仿佛伸手就可以触碰到。一望无垠的沙滩上，海浪远远地退去，只剩下一线白白的浪花镶嵌在天际。一群孩子提着小桶和铲子，嘻嘻哈哈地冲进了海岸边的红树林。这里是儿童的乐园，弹涂鱼、小沙蟹、石头蟹、招潮蟹、螺、中华鲎、海胆……如果是8月份，红树林的果实还会引来海牛。几个孩子抓了一些沙蟹，他们要制作《舌尖上的中国》提到的北海特产——沙蟹汁。爸爸妈妈在一旁也没闲着，和孩子们一起赶海，仿佛回到了自己的童年时光。

以上这幅美好画卷描述的是我们组织的一次社会实践活动，是幼儿园本土文化教育课程的大班主题活动“我们一起赶海吧”其中的一个小分支“大海的孩子”。这样的实践活动在以前的教学框架里几乎不可能出现，而现在却成为家长和孩子最喜欢的活动之一。家长和孩子都纷纷对我说“太好玩了”“太有意思了”“什么时候再组织？”我拿着相机，记录下了孩子和家长的精彩时刻，记录下园本课程成长的足迹。要知道，五年前，本土文化课程在一片反对声中开始，没想到它能获得如此好评。

缘起：北边传来一个令人振奋的消息

2009年，我到北海市第一幼儿园（以下称市一幼）担任园长一职。市一幼建于1953年，是北海第一所公办幼儿园，它地处北海老城区，周围都是老建筑。市一幼曾是我的母校，我在这里度过了我快乐的童年时光。当时的市一幼都是矮房子，但那不是普通的矮房子，它们是一组非常有特色的骑楼建筑群。毗邻幼儿园的是一座法国的修道院、清代的普仁医院旧址、近代洋行馆、清代图书馆以及19世纪的英国、德国领事馆。

2010年11月9日，国务院认定北海市历史悠久，文化底蕴深厚，历史遗存丰富，近代城市建设特色突出，正式同意将广西壮族自治区北海市列为国家历史文化名城。这个振奋人心的消息让我对北海又有了新的认识。北海历史悠久，文化灿烂，曾是汉代“海上丝绸之路”始发港，在1876年《烟台条约》签订后被迫开放，在1984年列入我国首批14个进一步对外开放城市。历经三段开放历史，丰富的文化遗产见证了北海这个滨海城市对外开放的整个历程。“百年老街”珠海路、“千年古郡”合浦、“海上丝绸之路”始发港……每一个历史文化元素都突显了城市的厚重。2011年，北海市推出“历史文化进课堂”活动，帮助中小学生更好地认识自己的家乡。很快，全市各中小学都组织开展了各种活动，有城市历史故事的征文比赛，有对海洋生物的调查研究，有历史文化建筑的摄影比赛，等等。有些中小学还编写了校本课程。一天我拿着一本厚厚的校本课程，脑海里冒出了一个想法：我们身边蕴含这么丰富的课程资源，这些有趣的活动幼儿园的孩子也能做。于是，我从此踏上了本土文化课程的建设之路。

灵感：说点和别人不一样的“故事”

《幼儿园教育指导纲要（试行）》（教基〔2001〕）（以下简称《纲要》）提出：“充分利用社会资源，引导幼儿实际感受祖国文化的丰富与优秀，感受家乡的变化和发展，激发幼儿爱家乡、爱祖国的情感。”而让本土文化融入幼儿园课程，除了因为北海获得历史文化名城的殊荣以外，主要还有以下几个原因：

● 北海本土文化正面临着消失的危险

北海本土文化本身存在着多种形态，如客家文化形态、廉州文化形态、疍家文化形态、古越文化形态和岭南文化形态。它们综合在一起，形成了北海本土文化的形态。然而，在日常的生活中，我却发现本土文化正在逐渐消失。我们幼儿园的孩子会说北海白话的已经越来越少；我们身边充斥着许多洋节日，如圣诞节、感恩节、母亲节、万圣节；身边越来越多各地人群的涌入，当地土著居民的逐渐减少，也在加剧着本土文化的消失。一个地方出现的文化趋同现象，绝不是个别现象，它是随着全球经济一体化进程的加速，各国文化都在面临的共同危机，它迫使人们不得不深思如何保护本土文化，弘扬民族文化的精华。

● 本土文化蕴含丰富教育资源

本土文化是学前儿童生活中的一笔财富，蕴含无穷的教育资源，本土文化也是学前儿童接触最多的文化。《纲要》指出："环境是重要的教育资源"。幼儿的发展依赖于生存的环境，幼儿每时每刻都在与环境发生交流，环境是幼儿发展的资源，幼儿只有通过与环境的交互作用，才能获得发展。幼儿从小就在本土文化的环境中长大，浸润于本土文化土壤中并一直得到它的滋养；文化中的习俗就是他的习惯，文化信仰也就是他的信仰；本土文化渗透了儿童的早期生活，如居住、饮食、方言、风俗等等，也包括养育方式。这种独特的生活样式为儿童提供独特的文化陶冶，也传递了早期的文化知识经验，它是儿童最初的文化启蒙。本土文化还具有鲜明的地方文化特色，是幼儿生活中的一笔财富，蕴含无穷的教育资源。将本土文化融入幼儿园课程，将会使幼儿园教育成为开放的、富有生命力的系统，为儿童的发展提供广阔的实践和文化背景。

● 北海本土文化自身的魅力

"因知而爱，因爱而行"，北海本土文化有着丰富的文化形态，尤其以疍家文化最为突出和鲜明。"北海疍家文化的形成与北海的自然环境和人文环境是密不可分的……源远流长的历史让北海疍家人无论在性格、语言、服饰、居所和婚俗上都自成一体，形成了极富民族特色的乡土文化。"疍家文化是北海本土文化中最璀璨的部分，漂亮的疍家服饰、奇特的疍家民居、坚毅的疍民性格、独特的疍家美食、质朴的疍家方言等，都是有待传承的本土文化。疍家文化是北海本土文化中的一颗明珠，如果将疍家文化中的精华与幼儿园课程相结合，将可以激发幼儿爱家乡、爱祖国的情感，并能在感受、体验、表达和表现过程中激发幼儿探索学习的欲望。

那么，如何在幼儿园课程中渗透本土文化，建构具有本土特色的园本课程呢？

行动：设计本土特色主题教育活动

2013 年 9 月，我的孩子开始上幼儿园。她虽然是北海人，但却不怎么会说白话。在幼儿园是普通话的语境，在家里是半个普通话语境，幼儿园里的其他孩子基本也面临这样的情况。会讲白话方言的孩子越来越少了。我们小时候的白话童谣《月光光》《落雨大》《排排坐，吃果果》也渐渐消失在孩子的世界里。我想，本土文化教育里，首先应该把白话童谣吸纳进去。正好是秋天，水果成熟的季节，我们就设计了小班主题活动“快乐果宝宝”这个主题教育活动。我们组织老师们一起讨论，这个主题可以涉及哪些本土文化呢？大家异口同声地提到了白话童谣《排排坐，吃果果》，还提及认识菠萝蜜、涠洲岛香蕉、甘蔗、木瓜等亚热带水果，制作果汁和水果沙拉等活动。

为了让研究更好地开展，2013 年 10 月，我们以“北海本土文化融入幼儿园主题教育活动”为题申请立项了北海市教育科学“十二五”规划 B 类课题。采用行动研究的方法，在幼儿园成立课题小组，并在幼儿园选取一个小班和一个大班来进行研究，这两个班的老师也参与课题设计。课题组在设计好观察记录表和活动方案之后，与选取的班级进行合作，展开行动研究。研究采用凯米斯的模式，主要是依以下四个环节—计划、行动、考察、反思来进行。计划这个环节分为三个具体的小环节：第一，提出问题。第二，对研究中的有关现象及其原因做出分析解释，找到原有的计划与行动研究的结果的不一致性，对北海本土文化融入北海地区幼儿园课程进行初步的构想。第三，对“北海本土文化融入幼儿园主题教育活动”目标的制定、内容的选择与编排、活动的组织与实施、评价等几个维度的内容进行初步的构想。

课题一共设计了三个不同年级的主题活动，分别是小班主题活动“快乐果宝宝”，中班主题教育活动“家乡美食”以及大班主题教育活动“我们一起赶海吧”。三个主题活动，一共花了两年的时间来实践。实际上，我们并没有按照小、中、大班的时间顺序来依次完成三个主题活动。在小班“快乐果宝宝”主题活动结束以后，一直等到第二年夏天，红树林的果实快成熟了，正是赶海的好时候。那时，我们进行了大班“我们一起赶海吧”活动。而到了第二年的秋天，原来的小班，也就是我女儿所在的班级就到了中班年龄，我们紧接着开展了中班主题活动“家乡美食”。

矛盾：“它把我们幼儿园变土了”

幼儿园文化不是园长一个人的文化，如果得不到老师们的理解，本土文化教育活动在推进的过程中将会受到诸多的阻碍。2015 年 6 月“北海本土文化融入幼儿园主题教育活动”课题结题了，当时我满怀着丰收的喜悦，准备继续在幼儿园文化建设的道路上大迈步前进。但一次偶然听到的老师们的谈话，却让我陷入深思。

一天早上，我在幼儿园吃早餐，偶然地听见了老师们的一些谈话。

A 老师：“你们班那个区域活动疍家小吃店看起来不错，真的像把侨港夜市搬过来了。但是孩子们知道那是疍家文化吗?”

B 老师：“别说孩子了，我们老师对疍家文化都不了解。除了幼儿园里几个在海边长大的老师，外地的老师哪有懂的啊！还有那些疍家游戏，更是听都没听过。”

C 老师：“我觉得疍家文化本来就不是什么高大上的东西，就是很土，你没看见我们整个幼儿园都变得土土的?”

D 老师：“是啊，也不组织我们培训一下，我是北海本地人我都不懂，更不用说那些外地的老师了。说来说去还是经费的问题，没有经费，光让孩子带一些生活用品、废旧用品来，怎么做也不会好看。现在看这个本土文化，真是说土不土、洋不洋，搞得咱们幼儿园像农村幼儿园。”

我听了以后默不作声，等老师们走远了，我陷入了思考。本土文化并不等于乡土文化或者乡土气息，将本土文化融入幼儿园课程也并不是说要将幼儿园打造成农村幼儿园。老师们对本土文化的误解源于对它的不了解。换句话说，连老师们自身对本土文化都不够了解，又怎么承担起传承本土文化的责任呢？

经过深刻的反思，我觉得迫切需要解决几个认识问题：什么是本土文化？北海本土文化有哪些内容？北海本土文化的精髓是什么？为什么要在幼儿园开发本土文化教育课程？怎么实施本土文化教育？我一开始就关注了最后一个问题，而忽略了让老师们去了解我们为什么这么做，才导致了问题的出现。2015 年秋季学期，我组织了老师们到北海金海湾红树林生态保护区、北海贝雕艺术馆、北海海底世界、北海侨港镇、北海老街等地方进行采风，实地了解北海的本土文化。紧接着，组织老师们讨论有哪些本土文化值得传承。然后，让老师们思考如何将这些本土文化融入幼儿园课程中。

我们主要围绕“融什么”“为什么融”“怎么融”这几个问题来开展讨论。大家一致认为，文化的含义太广，包括了衣食住行。北海最有特点的就是生态环境、疍家民风民俗、服饰、独特的饮食和建筑。要让孩子认识家乡的文化，但又不能脱离孩子的现实生活，我们决定应该从大家熟知的饮食和环境上下功夫。疍家美食家喻户晓，是北海特有的美食；红树林、中华鲎、天然的白沙、蓝天碧海，这也是我们应该让孩子接触和了解的家乡。经过谈论后，老师们一致认为，通过设计一系列的主题活动能够将这些北海的本土文化融进教育教学活动中，并让孩子感受、体验家乡的文化，激发孩子热爱家乡的情感。

困惑：本土文化课程的瓶颈

2015 年春天，我有幸作为北海市名校长培养“领航工程”项目培训对象，赴北京学习。6 月份，本项目组织专家团队深入幼儿园进行基于现场调研的课题指导。专家组成员充分肯定了我们的园本课程建设，并建议在研究北海本土文化课程的基础上突出疍家文化的研究。在项目导师杨教授的指引下，我们聚焦疍家文化，设计了一系列的教育教学活动。此时，教师们对本土文化有了一定的了解，也有了自己的体会。于是，2015 年 6 月，我们又申请立项了省级课题“本土文化融入幼儿园课程的策略研究”。在课程专家的引领下，我们对课程进行了重新定义，不再局限于主题活动上，而是采用了大课程的理念，将课程的范畴衍生到一日活动中，包含了集体教学活动、环境创设、区域活动、体育游戏等，在这个基础上讨论本土文化融入幼儿园课程的策略。由此，我们进行了一系列的活动设计，在实施策略上，有主题教学、社会实践、游戏、家园共育等。特别是在家园共育上，我们发动了家长参与到本土文化课程中来，开展了“疍家文化美食节”“疍家元素亲子手工设计大赛”“疍家体育游戏嘉年华”“走进老街”“走进红树林”“走进侨港”“走进银滩”等系列活动。在我们的本土文化教育课程进行得如火如荼的时候，困惑也随之而来。

困惑一：幼儿获得了哪些发展?

任何学前教育课程的目标都是围绕着幼儿的发展进行的，本土文化课程也不例外。在设计课程的时候，我们结合现代课程的三维目标，将本土文化课程的目标定位为幼儿发展目标、教师发展目标和幼儿园发展目标。其中，幼儿发展目标有三个。一是知识与技能目标：感受北海疍家人生活的地域环境、历史文化和民俗，了解家乡的特产，知道疍家人是生活在北海的“水上人家”；二是过程与方法目标：通过社会集体教学活动、实践活动、小组活动等方式，探寻、发现和欣赏疍家人的服饰、贝雕艺术、建筑艺术，提升表现和创造美的能力；三是情感、态度与价值观目标：体验家乡的风土人情，加深对家乡疍家独特文化的喜爱，逐步萌发热爱家乡的美好情感，喜欢家乡文化，愿意在家乡文化氛围中进行活动，积极主动地与文化互动，为自己的家乡感到自豪。这些课程目标本身的设计是否存在问题？是否科学？能否兼顾幼儿全面发展？

困惑二：有的专家说我们开展本土文化特色的区域活动，让幼儿体验疍家人的生活，是否有必要？我们要培养什么样的孩子？我们的目的不是让幼儿重现疍家人的生活场景，而是通过体验去感受疍家人独特的生活习俗和文化。

困惑三：疍家文化是一种职业文化，当社会发展，这种文化逐渐消失，我们要传承疍家文化精神实质，不怕艰险，勇于拼搏，对孩子来说，是不是要求过高了？我们要传承的文化精髓是否找的不对？

这些困惑一直围绕在我的脑海里，挥之不去。有没有什么办法，可以帮助我们答疑解惑呢？

回归：重返课程的本真

2016年夏天，带着对课程建构的困惑，我们开始在知识的海洋中寻找答案。《纲要》指出："幼儿园的教育内容是全面的、启蒙性的，可以相对划分为健康、语言、社会、科学、艺术等五个领域，也可以作其它不同的划分。各领域的内容相互渗透，从不同角度促进幼儿情感、态度、能力、知识、技能等方面的发展。"陈鹤琴先生把幼儿园课程中的健康、语文、社会、科学、艺术等五大领域活动称为五指活动，形象而生动地解释了幼儿园课程中的五大领域犹如人的手掌，相互联系，一脉相承，它们是不可分割、有机联系的整体。但是"课程不能仅仅关注领域，也要关注领域划分的更多可能，还要关注不同领域间的相互渗透。没有相互渗透的领域是背离当今的教育观和课程观的"[①]。幼儿园疍家文化教育课程内容是紧紧围绕"主题和领域"两大线索来展开的，以主题统揽领域，来探索、选择、构建适合幼儿身心发展、认知特点的课程体系。

---

① 虞永平. 用渗透的思维建设幼儿园课程. 幼儿教育，2005（1）.

按照国家和广西课程文件精神和方案、幼儿园课程的相关理论以及结合我们幼儿园的实际情况，将幼儿园疍家文化教育课程分为四大部分：课程目标、课程内容、课程的实施方式和课程的评价，开始关注解决“幼儿园疍家文化教育课程”的三个关键问题——“传承什么”“为什么传承”和“怎么传承”。我们在行动中反思与调整，总结出具体的施行方法和策略。在研究中我们还仔细考察疍家文化的价值，去其糟粕，取其精华。我们重新将疍家文化课程梳理一下：

● 本土化主题活动

结合 2013 年申请的课题“北海本土文化融入幼儿园主题教育活动”，我们选取了两个班进行本土化主题活动的实验班。分别设计“我们一起赶海吧”“家乡美食”和“快乐果宝宝”三个主题活动。

大班主题活动“我们一起赶海吧”，设计了“海边拾趣”“抓沙蟹”“制作沙蟹汁”“美味的海带”“好看的贝壳画”“梦幻海底世界”等活动。通过这系列活动，让孩子了解、接触大自然，如大海、潮汐、海螺、沙蟹、海带；通过欣赏各种形状的贝壳、制作贝壳画等培养孩子的审美情趣；通过参观海底世界，了解海洋的神奇，激发孩子的想象力。所有这些活动都让孩子们更了解自已的家乡，萌发热爱家乡的情感。小班主题活动“快乐果宝宝”，则设计了“木菠萝”“榨、榨、榨果汁”“水果尝一尝”“神奇的火龙果”“参观甘蔗地”“涠洲岛的香蕉林”等活动。通过认识这些生长在北海的水果，了解水果的外形、生长环境、价值和味道。通过了解、认识家乡的特产水果，为家乡感到自豪。

● 本土化区域活动

通过创设具有本土文化特色的环境，在公共区域开展本土化区域活动，营造整个幼儿园的本土文化氛围。例如，在沙地中安放一艘小渔船作为区域活动“艇仔粥”；在栏杆等地方悬挂装饰过的竹编捕鱼用具；在幼儿园门厅等地方悬挂别具疍家风情的帽子、筛子等生活用具。本土化的区域活动深受孩子们的欢迎，主要包括生活操作区“南珠宫”，角色区“疍家小吃街”“海味城”“贝贝烧烤吧”“南万渔村”等。一开始，我们将这些放在班级的区域活动中，但随着活动开展，我们发现教室里的环境过于狭小，根本满足不了孩子的需求。我们开始想办法“搬迁”，设计一个流动的半开放户外环境，进行此类特色区域活动。我们充分利用一楼的风雨球场的场地，在进行游戏的时候将材料拿出来，游戏结束后将材料收起来。然而，2016 年夏天的台风，将我们的材料全部毁坏，最后我将四楼的三个空置教室全部利用起来，打造一个“疍家生活体验馆”。里面设计“南珠宫”“贝雕艺术馆”“疍家美食城”。而原有的“疍家渔村”“海味城”则保留在户外场地。在材料的收放上，我们更新了放置的塑料箱，防止再次被台风破坏。

- 本土化体育游戏

游戏被很多教育者乃至哲学家称为“儿童存在的一种方式”。本土文化课程的实施借助于游戏的形式，能够使儿童在一种自由、自在的环境中充分表达自我，激发儿童的想象力和创造力，解放儿童的思维和手脚，为儿童自主地尝试、探究提供充分的空间和时间。我们以民间游戏为蓝本，融入北海当地的本土文化，开发出适合幼儿的体育游戏，从而丰富幼儿的生活，并带来更多乐趣。在大班，我们主要设计有“高跷捕鱼”“海底探险”“抛接浮球”等，而小班，则是“客家小艇”“海参爬”“划小船”等。此外，我们结合本园之前的“十五”课题“幼儿园体育特色研究——民间体育游戏集”，将教师们自制的体育玩具通过与本土文化的结合，改造成具有北海本土特色的体育玩具。

- 本土化幼儿园环境

与主题活动同时进行的，是幼儿园的本土环境创设。我们把疍家人的衣、食、住、行以图片和文字的形式展现在幼儿园的楼道两侧墙壁上。在幼儿园游泳池边的沙地上，我们放置了一艘废旧的木质渔船，旁边的棕榈树上挂着吊床，营造出海边椰林树影、船泊沙滩的感觉。废旧的渔船经过重新修理，将船的内部铺平，架设了一个小棚，呈现出疍家人的水上家园。这个小空间又成为了儿童游戏的场所。我园通过发动家长，搜集疍家文化元素的生活用品，如筛子、鱼篓、疍家帽、箩筐、渔网、贝壳等，经过涂画与加工，悬挂在幼儿园的围墙、大厅的天花板、楼梯的角落等地方。在星星点点的地方点缀疍家文化的元素。

审视："本土文化"背后的教育理念

本土文化之所以有传承的价值，因为其背后蕴含丰富的教育理念。在拨开困惑的迷雾之后，我们将视野逐步转向本土文化背后的教育理念和价值。

● 聚焦幼儿当下，体现《3－6 岁儿童学习与发展指南》精神

美国文化人类学家鲁思·本尼迪克特在其《文化模式》一书中指出："个体生活的历史首先是适应由他的社区代代相传下来的生活模式和标准，从他出生之时起，他生于其中的风俗就在塑造着他的经验与行为，到他能说话时，他就成了自己文化的小小创造者，而当他长大成人并能参与这种文化活动时，其文化的习惯就是他的习惯，其文化的信仰就是他的信仰，其文化的不可能性亦是他的不可能性。"由此，我们在建构的过程中必须遵循幼儿的年龄特点与学习规律，关注并了解幼儿已有的生活经验，并重视这种经验的不断积累和丰富，寻找儿童需要与教育要求（追求）的最佳结合点，使得以成人文化为基调的民间文化，在幼儿身上得以延续，最终成为幼儿"自己的文化"。"没有民族文化的幼儿园课程，不足以武装幼儿的精神世界；不考虑幼儿发展的需要和可能的民族文化，就不能让幼儿真正感受并转化为精神的力。"[①] 文化需要是儿童发展的本能，课程的建构只有与幼儿的内在发展需求相吻合才能把外在的东西内化为精神世界的一部分[②]。

---

① 陈艳宇．幼儿园地方文化课程研究．南京师范大学硕士论文，2007.

② 虞永平．文化、民间艺术与幼儿园课程．学前教育研究，2004 (1).

● 指向幼儿园文化建设，有利于园本课程开发

幼儿园文化包含着物质文化和精神文化，还有制度文化、教师文化等亚文化，园本课程作为一种引入本土文化的媒介或平台，必然同幼儿园文化中的各类亚文化产生互动。园本课程中的本土文化特性和教育功能在受到幼儿园文化影响的同时，反过来也在建构幼儿园文化。本土文化背景下儿童的生活必然和当地的生产生活紧密联系，并具体体现在儿童日常自然的学习生活过程中。这些看似平常的生活内容往往蕴含丰富的文化内容，客观上为园本课程的确立提供了充足的素材。因此，园本课程的内容选择和组织来源于本土文化，并指向幼儿园文化，特别是同教育实践紧密结合的教师文化和儿童文化的改造。例如，我们在时间探索中，开发了“疍家美食城”“大海的孩子”“南万渔村”“海味城”“南珠宫”“贝雕艺术馆”等15个本土文化系列主题活动和区域活动。这些活动都来源于幼儿的生活，让幼儿在体验中感受北海本土文化，在师幼互动中体现了平等、互助、合作等教师文化。

● 关注本土文化发展，保护、传承本土文化精神

随着现代化、工业化、城市化、商品化的进一步发展，大量优秀而珍贵的民间文化正在迅速消失、消亡。无数珍贵的民间技艺随着老人的逝去而消失。大片风格各异的古老建筑及蕴含其中的历史文化精神正被推土机推倒铲除。我们应利用民间文化的人文精神熏染幼儿的精神世界，使幼儿从小浸润并受益于民族、民间独有的文化情怀。本土文化是民族文化的一部分，在幼儿园课程中对本土文化进行开发与利用，可以激发儿童对家乡文化的关注与热爱，增强其对家乡文化的认同感，培养其爱国爱乡之情，从而将本地的文化传承和发扬。

扬帆：畅想“一带一路”的海洋之歌

2017年4月19日，习近平总书记在“一带一路”国际合作高峰论坛

前夕到北海进行考察。习总书记查看了北海合浦汉代文化博物馆，查看了北海铁山港码头，还去了金海湾红树林。全北海乃至整个广西，都沉浸在习总书记来广西考察的幸福当中。报纸、杂志、网站争相报道，各级政府部门纷纷开展学习习总书记考察广西的重要讲话精神。习近平总书记指出："北海具有古代海上丝绸之路的历史底蕴，我们现在要写好新世纪海上丝路新篇章。"我们有责任和义务加强对北海历史文化的挖掘、保护和利用。找出海上丝绸之路始发港与"一带一路"的历史地理联系，发掘千年古郡、丝路起点的历史文化价值，更好地丰富和体现北海历史文化的积淀，讲好"北海故事"，传承和弘扬北海优秀历史文化，进一步增强城市文化软实力，不断提升北海在"一带一路"中的影响力和话语权。

作为北海人，我感到自豪的同时，忽然恍然大悟。我们的本土文化不仅仅是疍家文化，我们还有合浦两千多年的文化、海上丝绸之路最早的始发港、具有七大古珠池的南珠故乡、新世纪海上丝绸之路的重要城市。北海的本土文化，不仅仅是疍家文化，它包容开放的精神由来已久，在历史上有过三次对外开放：汉代的海上丝绸之路、19 世纪被开辟为通商口岸、1984 年成为全国 14 个沿海开放城市之一。北海的先民为我们留下了大量的文物：合浦汉墓群、北海近代建筑、大士阁、地角炮台遗址、大浪古城遗址、草鞋村遗址、惠爱桥。自治区级文物保护单位 6 处，即白龙珍珠城、下窑窑址、海角亭、东坡亭（含东坡井）、文昌塔、武圣宫。北海还有近代建筑群：1876 年中英《烟台条约》签订之后，英国、德国、奥匈帝国、法国、意大利、葡萄牙、美国、比利时 8 个国家在北海设立了领事馆，各国商人和传教士也在北海建立了商馆、教堂、学校和医院等，还有始建于清道光年间，现存格局形成于清末民初，中西合璧、前店后厂的富有建筑特色的珠海路－沙脊街－中山路、高德三街、合浦阜民路、合浦中山路、涠洲南湾 5 处历史文化街区，南康历史文化名镇和盛塘、城仔历史文化名村以及 17 处 28 座近代建筑，它们充分体现了北海近代商埠和通商口岸的城市典型格局，使北海具备了独特的历史风貌与内涵，是一笔丰厚而珍贵的文化遗产。北海的本土文化还有先辈们创造并留下的大量宝贵的非物质文化遗产，如北海市民间文学《美人鱼传说》、民间舞蹈《北海耍花楼》、曲艺《合浦公馆木鱼》、杂技与竞技"李家拳及南蛇过洞"、传统手工艺技艺"北海疍家服饰制作技艺"，这五项非物质文化遗产获批第四批自治区级非物质文化遗产代表性项目名录。

是的，所有这些，也都是我们的本土文化。

作为北海市民，我们把认知城市、热爱家园的过程，变成培育城市精神、凝聚发展合力的过程，形成了"因知而爱、因爱而行，因行而果"的发展氛围，形成了"包容、进取、诚信、文明"的城市精神。

至此，我们的本土文化课程又添了浓重的一笔。接下来，我们将要进一步丰富和完善本土文化园本课程的内容，发挥北海作为海上丝绸之路重要港口城市的优势，融合北海生态环境的优势，将"一带一路"开放、合作、平等的精神，将北海"包容、进取、诚信、文明"的城市精神融入本土文化课程当中。我们要让园本课程反映时代和发展的趋势，开阔幼儿的视野，让园本课程生发新的生命力。

让海岛的孩子也能和市区的孩子一样享受童年的幸福

——我的乡村教育故事

北海市机关幼儿园　范徽丽

涠洲岛位于广西壮族自治区北海市北部湾海域中部，是中国最美的十大海岛之一，岛上淳朴的民风及独特的原生态自然风光无疑让它成为现代人梦寐以求的“天堂”。但是，由于地理位置较偏、四面环海、交通不便，涠洲岛上仅有四所小学和一所初中，没有公立幼儿园，优质教育资源尤其是优质学前教育资源十分匮乏，有条件的居民都将孩子送到岛外上学。一次偶然的教育调研活动，开启了我与这个美丽的海岛不解的教育之缘。每当闲暇之时，我便回想起这段经历，那些艰苦却又快乐的回忆不断激励着自己。现在，我很想同大家共同分享这段经历。

调研相遇引发办园心愿

2013 年 10 月，我陪同市教育局、市卫生局去涠洲岛开展教育调研，在海上经过一个多小时不太平稳的航行后，第一次踏上了涠洲岛。在调研中，我欣赏到了这个海岛美丽的自然风光，感受到了当地淳朴的民风，也看到了海岛上艰苦的生活条件和落后的教育，岛上只有四所公办小学和一所公办中学，没有公办幼儿园，仅有一所私立幼儿园和一所部队幼儿园，这两所幼儿园都没有正规的办学许可证。私立幼儿园是当地村民用自己的平房办的，非常简陋，没有像样的教学设施设备，招生规模在三十人以下。部队幼儿园有近百个孩子，但幼儿园的教学设施设备非常破旧，教师是部队的家属、当地村民和几个中职幼师班的毕业生，她们都没有教师资格证。由于部队编制的改革，部队幼儿园也面临着即将停办的窘境。个别有条件的村民坐船将孩子送到北海市区上学，可因为上学，孩子在小小的年纪就要离开父母亲，这也是村民所不愿意的，因此，岛内正规幼儿园的开办是海岛村民迫切的需求。

2012 年，北海市政府启动了第一期《北海市学前教育三年行动计划（2011—2013 年）》，要求每个乡镇建设好至少一所独立建制的公办中心幼儿园。北海市辖合浦县、海城区、银海区、铁山港区都已完成乡镇中心幼儿园的建设任务，而涠洲岛受历史、地理条件的限制，一直没有办成一所公办幼儿园，这也是《北海市学前教育三年行动计划（2011—2013 年）》目标达成的最后一个难题，只有涠洲岛公办幼儿园建成了，才能真正实现《北海市学前教育三年行动计划（2011—2013 年）》的目标任务。这次的调研任务，就是要攻坚克难，在涠洲岛建一所公办幼儿园。让这个海岛上的孩子能够享有应有的教育资源。

2003 年涠洲岛城仔小学撤并西角小学，此后这所学校校舍一直闲置，无人管理。到我们来此调研时已经十年光阴，闲置的校园经历阳光、台风、暴雨的洗礼，已破败不堪，校园内杂草丛生，仅有的两幢由珊瑚石砌的二层教学楼，门窗残损不全。有一位女“老师”（当地的一位村民，现在是涠洲岛幼儿园的保育员）向村委租借了东边教学楼里的一间教室，自己办了一个“幼儿园”，收了十几个年龄大小不一的孩子，教室里没有像样的桌椅、没有玩具，也没有寝室、睡床。教室后面搭建了一个简易厕所，教室前面芒果树下用渔网围成一个篱笆墙，挡住村里的鸡、狗，围出来的空间供孩子们户外活动使用。这些孩子有的不到 3 岁，有的已是五六岁，他们早上来“幼儿园”，中午自己走回家吃饭，下午再来“幼儿园”，没有餐点，也没有午休。可怕的是，在相距不到 20 米的另一幢闲置的教学楼里，另一村民圈养着一群羊，校园内不时传来羊的“咩咩”叫声和刺鼻的粪便味道。学校两幢楼里一边养孩子，一边养羊，这种“原生态”的幼儿教育环境十分触目惊心。

现场的一切，让我的怜悯之心油然而生。出于职业的习惯，我走近那些孩子，尝试用普通话与他们打招呼，然而因为在海岛上普通话尚未普及，孩子们只会用一种好奇的眼神回望我，似乎听不懂我在与他们讲什么，于是我只好改用当地的客家话与孩子们问好并拿出口袋中的点心和孩子们一起分享……在我要离开时，我好几次跟他们说再见，可这些孩子们一直尾随着我，迟迟不肯离开，那充满着渴望、清澈透亮的眼神我至今无法忘怀。那一刻，我告诉自己，这些孩子太需要、太渴望教育了，**我要让**

岛上的孩子也能和市区的孩子一样享受童年的幸福，这个幼儿园我一定要办起来！调研回来后，我主动向领导请缨，承担了涠洲岛幼儿园的建设任务。

几经风雨，方见彩虹

心愿十分美好，但现实非常残酷。要在一个交通不便、贫穷落后的小岛上办起一所幼儿园并非易事。此前，我对涠洲岛的情况估计不足，如何在这破旧废弃的小学校园上重建新校园，我首先想到是“低成本、高质量”的乡村办园策略。后来，我走访当地岛民，深入了解岛上的民俗，在市教育局和涠洲管委的大力支持下，不断对幼儿园校舍改造的方案进行修订，终于在2014年的上半年确定建设方案，启动了对原有的旧教学楼进行加固改造工程，新建了幼儿园临时食堂用房，并计划在2014年秋季学期开园。

海岛的天气就像孩子的心情一样，说变就变。2014年7月，一场历史上罕见的超强台风“威马逊”正面登陆涠洲岛，强台风威力达到16～17级，整个涠洲岛几乎被夷为平地，刚刚建好的幼儿园食堂被吹倒了，岛上断水断电2～3个月，建园工作整体瘫痪，工程被迫停滞，原定秋季的招生开园计划也变得遥遥无期。直到2015年3月，建园工程才得以继续开展。由于海岛的交通不便，建设材料要走海运，使建园的成本激增，工程进度缓慢。

2015年9月，开园在即，但幼儿园各项基础设施尚不完备，原计划的工程项目并未按时完工，更多的问题接踵而至，海岛当地的一些原始的办事状态让我们束手无策，办理了半年的幼儿园煤气开户申请迟迟得不到审批，食堂没法正常启动。幼儿园的用电只能用建筑时的临时用电，存在安全隐患，并且由于电压小，天气炎热时不能启动空调，连电风扇都会时不时地“罢工”。生活用水更是一个大问题，由于水压不够，二楼的教室根本无法保证正常用水。由于涠洲岛教师资源不足，无法在当地招聘幼儿教师。开园所需要的教育经费也迟迟不能到位，这样的条件下，如何能顺利实现开园？

开园办学资金不到位，偏远的海岛无法吸引教师上岛任教，幼儿园无法实现独立办学，因各种困难不得不一次次向后推迟的开学时间，当一腔热情遭遇现实的挫折，这种内心的撕扯一度让我陷入无法排解的苦闷之中。夜深人静时，我不停问自己“我是谁?”“为了谁?”作为一位年幼孩子的母亲，孩子需要我无时无刻的关爱，回家吧，多点时间照顾孩子。但想起涠洲岛上孩子们那一双双好奇而又渴望的眼睛，就仿佛是在无声地向我诉说：他们在等待，在等待教育帮他们叩开走向未来的大门。导师曾教导我：“教育是一个行善扬善的事业。”“面包要送给最需要的人。”我意识到，孩子的成长等不及我们一拖再拖了。

资金不到位，我们就从总园（北海市机关幼儿园）节衣缩食，给涠洲分园调配资源。食堂没有煤气，我们就向岛上老师借，发动岛上的家长将家里多余的煤气借给我们，保证幼儿园正常的伙食供应。水压小，二楼不能正常供水，我们就买来大大的蓄水桶，教师们提水上二楼，保证孩子的生活用水。停电了，我们就把孩子带到芒果树下上课。岛上人工费用昂贵，我和老师们从网上购买了制作旗杆、宣传板报专栏的材料，幼儿园的门卫、厨房师傅、保洁阿姨借来水泥、沙子浇灌混凝土，齐心合力把旗杆立了起来。就在幼儿园开学前的两天，经过我们的极力争取，教学楼前的那块黄泥巴地终于铺上了水泥。2015 年的 11 月 9 日，涠洲岛幼儿园实现了开园，第一批50名孩子走进了幼儿园。每周一，我们会在校园操场上空升起鲜艳的五星红旗，在这个边防海岛上唱响国歌。每当国歌响起，红旗飞扬，我的心中非常激动，更坚定信念：一定要坚持把幼儿园办好！

在种种困难面前，我们没有退缩，也成功探索了“名园＋乡园”的集团化办学模式，将涠洲岛幼儿园与总园实行“同一个法人、同一个账本、同一支队伍、同一种管理”的“四个同一”管理模式，依托总园的资源补给，从总园调配管理人员和教师上岛，调整物质资源，注入管理经验，使涠洲岛幼儿园正常运行。涠洲岛幼儿园原本“无独立造血功能”，通过“总园输血”得以生存和发展，这种集团化办学模式帮助涠洲岛分园缩短成长周期，迅速进入规范化、高质量的办学轨道。

想起一首歌唱道，“不经历风雨，怎么见彩虹”，是啊，阳光总在风雨后，不努力就不会发现自己有多大的潜能，不付出就不知道自己有多少的爱。教育就是一种爱，“为了一切孩子”，我们“不能落下任何一个孩子”，这是我——一个人民教师该承担起的责任。我希望我的教育理念能够影响更多的孩子！

招聘教师遭遇从未有过的冷遇

教师资源的不足和流失一直是乡村教育的大问题。涠洲岛由于交通不便、物质贫乏、条件艰苦，许多教师不愿到岛上任教，教师资源成为限制涠洲岛教育发展的最大问题。过去岛上没有公办幼儿园，也就没有教师资源基础可言。专业教师是改善岛上幼儿教育的关键，也是能够开园的首要条件。经过多次协调，我们争取到了涠洲岛分园教师的 6 个编制，将涠洲分园编制纳入市机关幼儿园统一管理，属北海市财政全额拨款事业编制，在当时全市编制只减不增的大环境下，能争取到这样的资源实属不易，这也体现了上级领导对涠洲分园的大力支持。

2014 年 5 月，我们面向社会公开招聘 6 名幼儿教师，并在招聘岗位上设置附加了“必须在涠洲岛教学服务满三年”的招考条件。市机关幼儿园的编制一直很热门，历来都是供不应求，不料这次招考却曝出了冷门，就在网上报考结束前，我接到教育局人事科的电话，“你们幼儿园的 6 个岗位目前只有 3 个人报考，按照规定要求的 1：3 的招考比例，这个岗位要有 18 个人报名方可开考，否则就无法开考”。再查报考情况发现，竟然连在本园工作的聘用教师也去报考其他幼儿园的教师岗位而没有选择留在这里。为什么呢？就因为“必须在涠洲岛教学服务满三年”这个条件，老师们一直对涠洲岛有不好的印象，她们害怕晕船后那种翻江倒海的呕吐，害怕岛上的蚊虫，害怕台风，她们愿意选择陆地上的乡镇幼儿园，而不愿离开陆地踏上海岛，她们对海岛有种种恐惧和担忧。在国家当前大力发展学前教育的背景下，城乡幼儿园迅速发展，城市对幼儿教师的需求量剧增，为幼儿教师在城市提供了更多的就业机会，她们可以在城里有更好的选择。

没有老师，怎么办学？那些天，我每天睡眠不到四小时，想尽一切办法，第一次深刻体会到“急得像热锅上的蚂蚁”是什么感受。我发动全园教师通过不同的渠道宣传幼儿园的招考信息、对照条件，我走进班级，一个一个去动员符合报考条件的老师，与她们谈心，谈乡村教育发展的美好未来、谈涠洲岛的美丽、谈教师的伟大和责任，帮助老师们描绘入编后的美好蓝图，从动员教师到动员教师的父母，发动本园教师的同学一起来报考，帮助困难的教师交报考费。经过不懈的努力，也许是海岛孩子的召唤，也许是我的真诚说服了老师，就在系统报名截止前的半小时，我们的教师岗位终于达到了开考的比例，可以顺利开考了。那晚，我竟高兴得睡不着！

招进教师不易，留住教师更难

开学了，幼儿园终于迎来了七位可爱、善良且优秀的年轻女教师。在童趣盎然、欣欣向荣的涠洲岛幼儿园，老师们迎来了第一批入园的孩子。每天清晨，幼儿园的早操活动成了城仔村里最美的一道风景，那时幼儿园的门口会站满围观的村民，他们开心地看着孩子和老师一起运动、游戏，脸上不时露出会心的微笑，老师在他们眼中，就像电影中的专业演员一样富有魅力。再平常不过的早操活动，对于村民来说却是一场视觉的盛宴。

阳光下，孩子们跟着老师们一起学习、游戏，他们的歌声、笑声在海岛的上空飘扬，面对淳朴的家长和天真的孩子，老师们也感受到了乡村教育中的快乐。海岛绿木成荫，海天一色，晚霞灿烂，眼前的一切都是那么可爱。

白天有阳光、有孩子，时间过得很快。夜晚的海岛很安静，岛上许多地方没有路灯也没有其他娱乐的地方。断水、断电、无网络成了老师们生活中的日常，深夜时陪伴这批“80 后”、“90 后”老师的只有窗外的虫鸣声。她们有的身为人母，心里牵挂着儿女；有的是独生子女，想着妈妈的拿手好菜。同时，岛上的物质匮乏，物价高昂，日用品、食物、教具等物资每周都需要老师们用拖车拉上海岛。每个星期五送走孩子后，她们匆忙追赶最后一班船回市区的家，周日下午又得收拾好行李返回海岛，旅途中的间隙是她们难得的休息时间。遇到暴风雨等恶劣天气，老师们还要经受船上的颠簸，忍受眩晕和呕吐。天气预报成为我和老师们最关注的焦点。

从城市到农村，是一个很大的转变，当环境由陌生变成熟悉，老师开始出现焦虑情绪，半夜我时常收到老师发的“我想回家”的短信，似乎听到老师在哭泣的声音，我也只能在心里陪着老师默默流眼泪，但我还是要故作坚强去耐心地安慰她们、鼓励她们。在这充满喧嚣和诱惑的现代社会，年轻的 90 后要放弃城市丰富的物质生活，远离父母的宠爱来到艰苦的海岛上任教，这对于她们来说是极大的考验。泪在流，心在痛，但课要继续上，因为海岛的孩子不能没有老师，所以我们必须坚守。

要老师坚守必须要有坚定的教育信念。一天，我把老师们带到了幼儿园隔壁的圣母教堂，让讲解员给老师们讲述了圣母教堂的故事，那座圣母教堂是一栋有历史、有故事的建筑。170 多年前，在自然和交通恶劣的条件下，一位法国神父带着他的信仰和希望，孤身漂洋过海来到这座小岛传播他的教义，他花了 10 年的时间，用当地的珊瑚沉积岩和火山岩建起了这座教堂，留下了这座被称为“晚清四大天主教堂之一”的地标建筑。传教士的这种传教、播教的精神让人震惊。作为人民教师，我们的理想信念、对教育的执着与追求在哪里？我告诉老师，“师者，传道授业解惑也”。作为一名新中国的教师，国家重视乡村教育，我们更应担起教书育人的责任，用我们的教育去影响更多的孩子、更多的家庭，帮助村民去除宗教的愚昧，带来新知和科学，用自己的青春年华谱写海岛教育的华章。

我用这个故事、这份坚定和这不朽的精神力量感动年轻的教师，告诉她们：在人生最美好的青春年华，能在中国最美的海岛上奉献自己的青春和力量是一份荣耀，有苦的青春才是最美丽的青春。这种付出我们无怨无悔，因为我们在这片土地上挥洒过的眼泪和汗水，都将铸成屹立不倒的伟大教育精神——爱，这也是教育之美的极致。这就是我们的人生价值，也是青春的价值。

幼儿园的一位老师在日记中这样写道：“有一种生活，你没有经历过，就不知道其中的艰辛；有一种艰辛，你没有体会过，就不知道其中的快乐！有一种快乐，没有拥有过就不知道其中的伟大。”这就是海岛教师最美丽的青春寄语。

至今，我们岛上的教师没有比其他的老师多享受一分待遇，甚至有的老师每个月都是自己掏钱买回家的船票。在一切困难面前，我和老师们凭着这份坚定的教育追求和信仰坚守海岛，用最美的青春筑就海岛最美的幼教。

让教育在生活中展开，让生命在自然中绽放

涠洲岛虽然是“中国十大最美海岛”之一，但当地依旧是农村的状态，社会文化落后。孩子们的成长环境和家庭教育与城市的孩子们相差甚远，但农村的孩子动作发展得很好，孩子们在田野乡间跑跑跳跳，他们很自由很轻松，路边上摘香蕉，追赶小鸡，一切是那么的自然、美好！他们身上也有许多和城里孩子们不同的特点。从专业角度，我一直在思考涠洲

岛的孩子成长究竟需要什么样的教育？他们更需要树枝还是玩具图书？需要更多的娱乐玩耍时间，还是多学点文化知识？人的成长需要往往是与自己“得不到”的东西联系在一起的，孩子在生活中缺少什么，往往就会渴望得到什么。

朱家雄教授说过：“幼儿教育与社会文化有着密切的联系。社会文化不仅决定了幼儿个体的发展方向，也决定了幼儿教育机构的发展方向等其他各级各类教育一样幼儿教育也应该明确地反映社会文化的价值观。”涠洲岛幼儿园虽然与总园实行集团化的统一管理，但由于涠洲岛条件的制约和资源的不足，总园的一些特色课程、拓展课程的教学无法在涠洲岛同步开展。为了探究如何打造适合涠洲岛孩子的幼儿教育，我带领老师们从读《涠洲岛志》开始，深入了解涠洲岛的历史、地理、人文故事，根据涠洲地域、民俗特点，充分挖掘乡土资源，探索适合涠洲幼儿的特色海岛课程。

艺术教育是乡村孩子最喜爱的活动，也是乡村教育的不足，为让孩子更多更好地感受家乡美，我和老师们组织开展了题为“家乡美”的美术教学活动，带领孩子们到圣母教堂、蓝桥等岛上的著名景点写生。一开始，老师们担心这些没有任何美术基础的孩子“不会画”，她们“不懂怎么去教”。我告诉老师：毕加索大师说过“我用一辈子的时间去学习向孩子那样去画画”，我们也蹲下身来向孩子们学习吧。老师和孩子们带上画板来到与幼儿园一墙之隔的圣母教堂，老师引导孩子学习教堂的哥特式建筑风格，孩子用自己的眼睛去观察教堂的外观、形状、彩色的窗，用手去摸墙壁上的珊瑚石，然后坐在大榕树下，在画板上画出自己的观察和发现。半个小时后孩子们的作品呈现时，我和老师们都大吃一惊。孩子们作品的大气是我们没办法想象的，绘画的线条、色彩的运用等都比课堂上教师的图片教学效果更好。我们的课程就从认识海岛开始，鼓励孩子们用眼睛去看、用耳朵去听、用画笔去画，去发现家乡的自然风景美，培养孩子热爱自己的家乡、爱海岛，使他们保护海岛的情感更加浓厚。

海岛上的交通并不发达，但在我们老师的眼中，这也是海岛的教学优势。当城里的幼儿园因为担心过多的安全责任，而令城市的孩子失去走进社会、亲身学习体验的机会时，海岛上车辆少、淳朴民风的优势令老师们安心多了。孩子们走在乡村的小路上，时不时会遇见自己的七大姑八大姨，为孩子们户外活动的安全性保证上提供了得天独厚的条件。教师充分利用纯朴的自然环境灵活施教，开展令城里羡慕的自然情境教学，海岛的许多地方成了孩子的自然课堂，教堂、海滩、榕树下是孩子们最喜欢的去处。孩子们在榕树下玩老鹰捉小鸡的游戏，在海滩上拾贝、捡火山石，在沙滩上堆城堡；在路边的芭蕉树下摘香蕉……火山石、芭蕉树、村民家的羊都变成了孩子的教材。岛上随处可见的贝壳、珊瑚石在老师们的智慧下变成孩子们最好的玩具，老师们带领孩子到村里收集树叶和石头制成标本；将废品纸箱做成教具，将轮胎做成蹦床，芭蕉叶做成"衣服"，孩子们有了一批大自然赐予的礼物。

涠洲岛是一个边防海岛，在这里爱国主义的启蒙教育对孩子们来说是非常重要的。涠洲岛幼儿园每周一的升旗仪式雷打不动，孩子用稚拙、可爱的行动举行庄严的升旗仪式，老师、孩子们唱着国歌，看着五星红旗冉冉升起。老师教孩子认识国徽，认识中国地图，学唱儿童爱国歌曲等。每每看着五星红旗在幼儿园升起，我的心里总会有一种满满的感动。

在这美丽的海岛上，老师们用善良和智慧，让教育真正回归自然、回归生活、回归淳朴，将孩子们和自然紧紧结合在一起，让先进的教育理念在涠洲岛上落地生根。

教育一个孩子，带动一个家庭，影响整个海岛

幼儿园第一批入学有50多名孩子。刚入园时，孩子不会说普通话，不会跟老师问好，玩具到处乱扔，户外活动脱了鞋子到处乱跑，上课跷二郎腿，随地大小便，家长对此习以为常。许多家长习惯穿着拖鞋、睡衣把孩

子送到幼儿园……如何实现幼儿园的教育影响力，用教育改变村民和孩子陋习，给落后的海岛带来新知？我们将培养幼儿良好的卫生、行为习惯，作为幼儿园常规管理的一项重要工作；以“小手拉大手”的形式，通过教育一个孩子来带动一个家庭，改变家长的教育观念和陋习成了幼儿园家长工作的首要任务。

环境是一种隐形的教育，我们充分发挥环境育人的功能，先从校园环境建设入手，努力为师生、家长创设一个卫生、舒服的校园环境。每天清晨，老师们主动和小朋友问好，每天傍晚，教师们微笑着和家长说再见。尽管幼儿园的办学经费非常紧张，我们还是配置了幼儿园的专职保洁员，保洁员每天将校园内外打扫得干干净净，物品摆放整洁，校园无垃圾、无死角，卫生间也按城市的卫生要求管理。虽然幼儿园户外活动场地大部分是黄泥巴土地，但各班保育员每天能保持教室地板干净，无黄泥巴土尘，卫生间无异味。教师教给孩子正确的洗手方法，培养如厕、不乱扔垃圾等卫生行为习惯。幼儿园从室内到室外，营造出舒适整洁的校园环境，家长和孩子们可以充分地享受整洁优美的校园环境带来的舒适。慢慢地，家长、孩子变得有礼貌，随地乱扔垃圾、乱吐痰的不文明行为在校园消失了。

记得一个寒冷的雨天，小一班永轩小朋友来园的时候，鞋子被雨淋湿了，永轩爷爷跟老师说：“老师，永轩鞋子湿了，一会儿我再回去给他带双鞋过来换。”没多会儿，永轩爷爷拎着装鞋子的袋子来到教室，一边说一边把脚上的鞋子给脱掉，赤着脚就要走进教室。老师急忙说：“永轩爷爷，这么冷的天别脱鞋子，容易着凉啊！”永轩爷爷笑着说：“我鞋子脏，怕把教室给弄脏了。”他脱掉鞋子光脚走进了教室。那时候，我们老师被永轩爷爷的行为震撼了！这就是教育和环境的影响力。

家庭教育是孩子成长的重要组成部分。涠洲岛由于受社会环境、地理条件和经济落后等因素的影响，家长受教育和文化水平较低，教育的观念传统又陈旧，缺乏科学的育儿观，村里的留守儿童缺乏父母的关爱，因此转变教育观念，提升家庭教育水平在岛上显得更为重要。我们开办了岛上第一所家长学校，定期给家长开展科学育儿专题讲座，在节假日开展家长开放日活动，组织幼儿园亲子活动，把国家的教育方针和政策通过老师的言传身教，引领孩子和家长一起成长。2016 年 12 月，为响应北海市城市环境整治百日攻坚战的号召，增强涠洲岛岛民的环保意识，幼儿园组织开展了“天蓝海蓝涠洲美，关注环保文明行”的亲子活动，那是家长和孩子们的第一次社会实践活动。当我给家长们讲解活动的方案时，这些家长抱着孩子，一个个就像小学生一样专注、认真地倾听，教室里非常安静。在活动现场开始宣传活动时，面对路过的游客和熟人，家长似乎羞于启齿，当孩子拉着家长的手，主动用普通话与游客交流，发放宣传资料，邀请游客参加保护涠洲岛的环境活动时，家长也由原来的腼腆变成笑容满面。在活动中，这些家长也不像城里的家长只爱拿手机给自己的孩子拍照，只是认真又紧张地带领孩子参加活动，生怕哪个环节出差错。环保宣传活动让家长和孩子深刻地意识到保护家乡——美丽的涠洲岛的重要性。我想这是有别于政府行为的一场民间真情的环保活动。“教育一个孩子，带动一个家庭，影响一个海岛”成为涠幼教师的教育使命。在政府的年终绩效考评中，涠洲岛老百姓对涠洲岛政府评价最高的就是“岛上开办了涠洲岛幼儿园”。

重新定义“义工”，实现家园共育

一说起“义工”，许多人会联想起富人的慷慨解囊和青年志愿者对养老院、孤寡老人、残疾人的爱心帮助和社会救助。在这偏僻的海岛上，我们将“家长义工”作为家长学校的一项重要工作，将家长参与幼儿园的义务工作作为家长培训的一个渠道，充分发扬家长的能力资源，请家长参与、协助幼儿园的教育教学工作，帮助家长了解幼儿园的教育，掌握保教方法的技能，做好家长和幼儿园之间的沟通。幼儿园的树木少、日晒太强，不利于孩子的户外活动，家长义工寻遍海岛，找到了两棵大榕树并移植到幼儿园；老师们对海岛情况不熟悉，为开展大自然教育活动，在家长义工们的协助下，带着孩子们到沙滩去上课、到教堂去写生；在幼儿园举办的各种活动上，家长和孩子同台表演节目，一起开拓班级的种菜自留地……记得一个周日的下午，由于天气突变，开往涠洲岛的客船突然减少航班，周末返回市区的老师因购不到船票而无法上岛。周一要正常上学，只有一位老师在岛上，怎么办？情急之下，又是家长义工帮了忙，周一上午各班分别来了两三位家长义工，协助岛上的那位老师，组织孩子吃早餐、做早操，顺利开展教育活动，市区的老师也搭上了周一最早的那班船赶上了岛。从开园至今，没耽误过一天的课。

“义工”对村民们来说，那是邻里间能帮就帮的家常事，但作为“家长义工”参与到幼儿园的教学活动，能和老师在一起开展教学活动，却多了一份神圣和骄傲。在教学活动参与中，他们才发现自己儿时少了许多发现和游戏，原来沙滩上的珊瑚和贝壳可以画画，做成风铃，用来数数；岛上随处可见的芭蕉除了吃，叶子还可以拿来做扇子，变成雨伞，做成衣服。孩子的教育更需要理解和尊重，家长对幼儿园教育有了重新的认识，家园共育工作取得了很好的效果。

尾　声

我们的教育在影响、改变海岛村民的同时，老师们也深深感受到岛上村民的淳朴和善良，她们非常珍惜这来之不易的教育环境。村民们对教师和教育非常尊重甚至可以说是崇拜，他们对教育的纯洁敬仰是在城市中无法感受到的。乡村教育，充满了真诚的渴望和希望，却又任重而道远！为了岛上的孩子们，我和坚守在涠洲岛一线的教师们也在不断提升自身的专业素养，丰富精神信仰，坚守乡村教育的使命，筑就海岛的最美幼教！这，就是我与海岛的教育故事。

第二部分　小学校长领导力修炼

建一所魅力学校，做一名魅力校长

北海市海城区第六小学　林允艳

我出生于教师世家，父母、兄弟都是教师，从小就受教师形象和工作的耳濡目染。27 年前，18 岁的我从师范学校毕业后走上了教师岗位。17 年前，28 岁的我开始担任学校的行政工作，参与学校管理。12 年前，32 岁的我开始担任北海市海城区第六小学校长。这么多年一路走来，我被评为特级教师，荣获广西壮族自治区优秀教育工作者称号，是广西壮族自治区五一劳动奖章获得者，成为北海市首批“未来教育家成长计划”的项目培养对象、名校长培养“领航工程”项目成员。在我的心里始终有一个梦：建一所魅力学校，做一名魅力校长。

从心开始，以爱育爱

有这样一段话曾让我印象深刻：“教育之没有情感，没有爱，如同池塘没有水一样。没有水，就不成其为池塘，没有爱就没有教育。”教育是一门艺术，而且是一门非常特殊的艺术，因为它的对象是人。其实教育的有效方法之一就是关爱，即渗透着丰富情感的教育。自从踏上三尺讲台，我无时无刻不在自己的工作中诠释着这种理念。只有关爱学生，才能建立和谐融洽的师生关系，使教育活动得以在宽松的氛围中进行，进而获得理想的教育效果。古代大教育家孔子主张对学生施以仁爱，要做到“诲人不倦”。

这种“真爱”，不讲代价，不计得失，不图回报。这种爱是天地之间至纯至美的爱，是最崇高和伟大的爱。一个老师有了对待学生如同对待自己子女一样神圣的情感，就会平添一种责任、一份压力。一直以来，我就是心怀这样的想法去面对我的学校，面对教师和学生的。

27 年前，从师范学校毕业的我走上了教师岗位。我父亲经常对我说，爱学生就要尊重学生的人格，建立平等的师生关系。父亲的谆谆教诲让我感受到了这个职业的责任。有人认为班主任是一项累人的工作，可我不这样认为。多年的班主任工作经历，让我体会到了教育的快乐、与学生真诚相处的快乐。在快乐中我找到了自我，也从中悟出了很多。我与学生常说的一句话是“师生之间就要互相尊重，互相理解，互相关爱”，这句话伴随我与学生亲密相处了一年又一年，也成为我从事班主任工作的座右铭。

从教以来，我始终向我亲爱的孩子们倾注爱的暖流，似和风细雨，渗透至每个学生心中。学生也把他们天真的爱意投向我，我孕育着这份爱，享受着这份爱。和学生在一起是最快乐的，我全身心投入工作、如痴如醉。因为心中始终拥有这样一种信念：只有“从心开始，以爱育爱”，才能做一个受学生喜欢、受学生尊敬的好班主任。

倾己所爱，搭起信任的桥梁

真挚情感是在心灵沟通的基础上建立起来的，而发自内心的爱才能达到这种默契。面对一张张天真可爱的笑脸，对孩子那种源自内心的爱便不由自主地迸发出来。记得我们班上有“一棵干枯的小草”，在众多的鲜花中竟显得那样的突出与不协调。她小脸黄瘦，很少露出笑容，反应慢、学习差、不善交谈，因此受到同学的冷落。有一次上课，我要求同学们课前准备生字卡片，全班只有她没有完成任务，我严肃地问道：“你做的呢？”她还是那副漠然的神情，不理我，我用手敲她的桌子叫她说话，未等我话说完，一滴温热的水珠滴在我的手背上，融化了我心中那丝愤意，我用手擦去她的眼泪。课后我知道了原因。原来她父母离异，孩子出于自尊不愿告诉别人，而爸爸最近又在外地打工，家中只有年近八十的爷爷。我感到深深的内疚，是我刺痛了她的心。打这以后我想尽一切办法来补偿我的过失，每天都要去看看她，问长问短，课前需要准备的学具我会尽力帮她准备，而她却总像一只受惊的小鸟躲避着我，回答我的方法是胆怯地点头或摇头，我决心用心来补偿。我利用下课时间帮她梳头发，送给她漂亮的头花并当着全班同学的面给她戴上。我看到她嘴角闪过一丝微笑，她接受我了。从这以后她见了我都会甜甜地叫一声“老师好”。我对她的好也同样引起同学们对她的注意和关心，她的转变很大，性格开朗了许多。一次我嗓子痛，说话声音嘶哑，细心的她从家中给我带来了药。爱的力量是神奇的，它可以不断地挖掘，好似泉涌。教师的一个微笑，一个关爱的眼神，一次轻轻的抚摸，几句聊天的话语都能让学生感到莫大的快乐。此时此刻我明白了，当老师和学生架通了心灵之桥后，他们就会“亲其师，信其道”，学习成绩自然就会突飞猛进。

细节，最容易感染人。一部小说，催人泪下的往往不是那恢宏的大场面、大事件，反而是一些小小的细节。把爱的细节传递给被爱的人，他就会把爱化为对生活、对学习的热情。这让我回忆起十年前的一段往事。那是开学以来的第一次家长会，我正忙着接待各个到来的家长。这时有一个家长步履蹒跚地向我走来，他是那个学生的爸爸。他眼含热泪地和我说：“校长，我求求你帮我好好关照一下我的女儿。她三岁时，我和她母亲离异，从此我们父女俩就相依为命。但是现在我患脑出血刚刚病愈，又没有生存能力，只能尽自己所能挣点每天的吃饭钱。孩子既要强又自卑，我这个当父亲的除了着急，也没有什么好办法。孩子回家说很信任您，麻烦您和我女儿多沟通沟通……”说着，这位40多岁的中年男子在我面前已经泣不成声了。俗话说，男人有泪不轻弹，只是未到伤心处。我的泪水不禁润湿了眼眶。我只对他说了一句话：“您放心吧。”望着这位父亲远去的背影，我的心情久久不能平静。于是我回家和丈夫商量后，做出了一个爱心决定：每月都拿出100元资助这个孩子。现在回忆起来，的确，整整三年，我从未间断过，偶尔因忙于工作推迟几天，也会被丈夫提醒及时补上。这样，这位学生因为这种爱的力量渐渐丢掉了自卑，变得开朗、大方，对生活和学习也有了热情。现在这个学生早已上了大学。她曾对我说：“老师，等我将来挣钱了，第一个回报的人就是您。”因为她早已经把我当作母亲。

我把自己现有的成功归结于三个方面：有梦想、有方法、有恒心。我的梦想是做一名教育家。为了向这个目标迈进，我一方面有意识地向名家学习——魏书生、李镇西、韩军、余映潮……我走出去听他们的课和讲座，阅读他们的作品。另一方面，我坚持每天看书学习，这个好习惯已经伴随我多年。读书让我底气十足，让我在教学中行走的脚步更加踏实有力。每一位教师在教书育人的过程中都有着很多的苦和累，也有着一些委屈和无奈，但与工作中收获的点点滴滴的喜悦相比，所有的苦和累都显得微不足道。所以我想说的是：教师职业有的不只是辛苦，更充满着快乐与幸福。教师以自己的言传身教感召着自己身边的学生。桃李满天下，是每位教师最幸福的事。教师的工作是平凡中带着伟大，辛苦中带着欢乐。

初任校长，探索特色教育

1999 年，28 岁的我怀揣着教育的梦想，参加北海市面向全市公开竞聘校长的选拔，从副校长岗位至今，一路走过 12 年。经过不断的摸索、践行，我们海城区六小坚守的海洋特色教育已经迈开了自己的步伐。

校长，是学校工作的第一责任人，党和国家的教育方针需要通过校长在实际的教育工作中落实，先进的教育思想、理念需要通过校长在教育教学实践中实现。这就决定了一校之长必须是一个脚踏实地的实干家，必须是一个思想者。

2005 年，通过竞聘选拔，我走上了北海市海城区第六小学校长的岗位，但这并不意味着我自身的成熟，也不意味着我就能肩负起校长的责任，肩负起发展学校的使命。这只能说明一名校长对教育的理解比别人深刻一些，在教育和管理岗位上做出的成绩比别人大一些，机遇比别人多一些。但在校长的岗位上，我从受命的那一刻起，就注定是一个新兵，要与时俱进，不断学习。

我出生在北海，对大海有着深深的眷恋，深知海洋所赋予我们的一切。我就任的北海市海城区第六小学位于北海市海南路，2014 年学校因地制宜，依托海洋资源，正式全面开展海洋特色教育，短短的两年时间，先后获得全国海洋意识科普教育基地、广西发明创造示范学校、自治区和谐学校、北海市海洋科普教育示范基地等荣誉。通过海洋文化长廊建设、海洋特色教育校本课程开发以及蓝色海洋教育综合实践活动等，以直观、形象、生动的方式向学生传递海洋文化、海洋科普、海洋环保等教育，营造了开放的海洋特色教育氛围。

见贤思齐，走近魅力校长

近些年，我常有外出进修学习的机会，因而比较近距离地接触过国内许多魅力四射的女校长，她们给了我超乎寻常的美感。“天空没有留下鸟的痕迹，但我已飞过。”许多女校长的魅力就是基于对教育事业的爱，悄无声息地去服务别人、鼓励别人、成就别人。印象中的余宪校长就是这么一位用真情管理学校的管理者——看似不显山、不露水，却那么动人。

在一次培训活动中，我有幸认识了湖南第一师范学院第二附属小学的余宪校长。半个月的交往，从她身上，我感受到了她润物细无声的静美。她总是以女性温柔、安静、细腻、朴实的风格做着自己的校长工作。

进修时，我听说过这么一个故事。余校长所在的学校有位老师因为种种原因违背了规章制度。按规定，这位老师应该受到惩罚，但他又是一位劳苦功高的老同志。面对教职工当中出现的这类比较棘手的问题，余校长既没有违背原则迁就，也没有死板地硬性执行，而是坦然地承认“老师有错，校长有责”，然后主动和那位老师一起接受了一定的经济惩罚。当时我就在想，这样做需要一种胸怀，也需要一种勇气。我问道：“就不怕以后还会承担相关的责任吗？经常承担，校长能承受吗？”余校长说：“我一毕业就被分配在这所学校。我了解这些人，他们综合素质都很高。这样的事，只会有一次。”我明白了，面对优秀的团队，一次就够了。余校长有足够的自信。

余校长就是用自己丰厚的文化底蕴、特有的管理智慧、最本色的女性的柔情和博爱，赏识着、信任着、肯定着学校的老师们，引领着、激励着、发展着她的团队。这就是十足的魅力。

“哪里有思想，哪里就有魅力。”好校长的魅力来自多思、善思。余校长崇尚的是“让教育充满思想、让思想充满智慧、让智慧丰富教育的内涵”。她的魅力就在于她的博大精深，在于她充满灵性的教育智慧。

一日，我和同组的其他四名校长一起参加了该校的一次数学教研活动。为了磨砺该校老师们的快速思维和有序表达，余校长提出让老师们即兴说课评课。我自认为也是在教学领域里有所钻研的人，但是没有想到该校的每一位老师在发言时，不仅能站在本学科的课程高度，而且能站在教育大局的高度去思考、去审视、去发现、去解决问题，这让我非常惊讶。之后余校长也做了即兴发言，她精确深刻、言之有物地阐述了三个非常明确的观点，即数学课如何上“精”、数学课如何上“活”、数学课如何上“美”，让我叹为观止。

后来，在没有通知听课的情况下，我贸然听了该校一位年纪较大的老师的课，并为那位老师先进的教学理念所折服。我问道：“是什么激励着您对教育教学的理念理解得如此深刻和准确，并且能十分恰当地将这些教学理念运用于课堂教学呢?”她说道：“我们都是受了余校长的影响。余校长很有思想，很有深度，常做讲座，她要求我们个个都有正确的教育思想，更要求我们每堂课必须用正确的教育思想指导教学。”余校长以她的睿智，以她深刻的思想，以她知识女性的博学，诠释着一位思想型魅力女校长的内涵。

“什么人离上帝最近? 记住，行动着的人。”好校长的魅力在于那种孜孜以求的、锲而不舍的精神，在于能脚踏实地做好每一件关乎教育的事情。

因为参加领航校长培训，我有幸近距离地接触了全国优秀校长、湖南株洲和家坳小学的马蓉校长。马校长堪称美女校长，恬静的面容、内敛的微笑、高挑的身材，无处不透露出女性特有的魅力。交往中，我也深切地感受到了马校长对教育的激情与执着，更从所见所闻中感受到她总在坚持不懈地行动着、创新着。印象最深的，是她独特地实践人文奥运的举措。

为了让学生们了解奥运知识，她与教师和学生一道，开发研究出了“奥运扑克牌”“福娃小书签”“奥运电线杆文化”“文明承诺墙”……在和家坳小学及周边社区，我看到的具体东西太多，已经大可不必听校长在会议室做介绍。马校长的工作作风，怎一个“实”字了得！美丽的马校长用她永不停歇的行动，让学生生命成长不断地释放出花开果熟的声音，让教师内心深处充盈着对职业的激情和快乐。

折射校长魅力的因素有很多。高尚的人格、宽广的胸怀、睿智的思想等，都能体现校长特有的魅力。但真正能够使校长魅力四射、恒久发光的，还是校长的理性。所谓理性，是指处理问题按照事物发展的规律和自然进化原则来考虑的态度，也就是说，考虑问题、处理事情，不冲动，不凭感觉。

理性探索，走上魅力校长修炼之路

● 理性修养：魅力校长必备之德

“泰山不让土壤，故能成其大；河海不择细流，故能就其深；王者不却众庶，故能明其德。”校长要懂得包容与尊敬。学校管理工作是一个复杂的系统工程。教师群体也是一个特殊群体，都受过良好的教育，拥有较强的自尊和自信。校长在实施管理时要多给教师关爱和温暖，当教师偶尔出现过错时要能够包容，在坚持不伤害教师自尊的前提下给予引导、指正。

校长应学会自我克制。中华民族是一个理性的民族。学校是一块文明的圣地，不允许发生一些非理性的行为。校长面对大是大非时要学会克制，理性处理矛盾，避免伤害师生感情，损坏学校的声誉。校长的言行必须慎重，切忌鲁莽、冒失。言行最能体现一个人的修养与内涵，校长的言行代表的是学校。因此，校长必须“讷于言而敏于行”。深思熟虑，才能处事有方。

校长要善于退让和妥协。现实生活中，有些校长心高气傲，唯我独尊，推行家长制，做事缺乏民主，不能正确对待老师们的呼声，这样势必引来众多的非议与指责。这样的校长也注定走不了多远。其实，有时候退让和妥协不是一种软弱，而是为了更大的进步，是一种智慧的选择。在前进的道路受阻时，停下脚步理性研究、分析、总结，比硬着头皮蛮干要强得多。当某些制度、某些规矩、某些理念不能适应学校发展的需要和广大教师的需求时，就要理性分析，进而改革、创新。

● 理性思考：魅力校长必有之才

只有善于思考的校长，才是有思想的校长。只有善于理性思考的校长，才能引领学校健康发展。

理性的校长会冷静思考学校的未来，制定切实可行的学校发展规划。只有明确了学校前进的方向，学校的发展才有动力，教师的工作才有奔头。学校的发展既有长期规划又有近期目标，教师的工作才能思路清晰、方向明确。当校长引领教师完成学校一个个既定的目标时，教师这个团队才会有成就感，学校这个集体才会有向心力、凝聚力、战斗力，才会无坚不摧，朝着长远的目标迈进。

理性的校长会理智地分析学校发展现状。不同的学校在特定社会发展中有不同的积淀，有不同的历史，有不同的文化，有自己与众不同的特点，这需要校长理性思考，制定符合自己学校特点的切实可行的学校管理制度。

理性的校长还应有独特的见解。一些校长在上级主管部门面前不敢讲真话，不敢反映真实情况，这样既影响了上级教育主管部门的行政决策，又损害了广大师生员工的切身利益，也影响了校长的形象与威望。

● 理性创建：魅力校长的必需之能

学校是动态的、发展的，不是静止的、僵化的。校长要引领教师推动学校各项工作的全面发展，必须理性创建和谐校园。

创建和谐校园必须融洽校长与教师的关系。和谐校园的创建，要求校长全面贯彻落实科学发展观，坚持以人为本的核心理念。梅贻琦曾说过：“所谓大学者，非有大楼之谓也，有大师之谓也。”强调的正是教师在学校各项工作中的特有的重要性。学校发展必须树立以教师为本的发展理念，尊重教师、关心教师，理性运用物质奖励和精神激励，充分调动教师工作的积极性、主动性、创造性，形成学校特有的价值理念。

创建和谐校园必须融洽教师与学生的关系。师生关系是学校各种关系的基本点，是一个古老而又常新的话题。古老是因为此话题谈论已久，常新是因为此话题蕴含无穷的内容，每次谈及都有令人耳目一新的感觉。随着市场经济的发展，社会分配制度的变革，收入差距明显拉大，教师的价值观也受到了冲击。一些教师产生了明显的职业倦怠感，责任心锐减，对学生失去了耐心、细心和爱心。校长应该理性地分析当今社会现实，研究教师的内心世界，因地制宜地对教师进行心理疏导，给予他们更多的人文关怀，同时正确引导教师直面社会现实，努力改善教师待遇。

校长不是什么官，但校长需要领导他所在的学校。校长应该怎样领导学校？苏霍姆林斯基认为，校长对学校的领导首先是教育思想的领导。这是毫无疑问的。但从教育管理学的角度来说，校长唯有综合运用各种素养，才能真正管理好一所学校。我们从校长的魅力出发，探讨校长如何从思想、人格、专业等方面塑造自我，从而促使校长更好地统领学校工作，推动学校的发展。

让坚守和情怀成为工作的习惯

北海市第二实验学校　胡卫琼

“信口开河”给自己摊上难事儿

2013年的冬天，教育局叶局长的一个电话，把我带到北海市中等职业学校搬迁后已闲置了将近三年的老校区，这就是北海久负盛名的“百年荔园”。

踏进学校的那一刻，心里咯噔一下：“咦！这个昔日光彩照人的荔园怎么就成这样了呢！”整个校园里杂草丛生，校舍斑斑驳驳，道路坑坑洼洼，就连那百年荔枝树也无精打采地耷拉着树枝条，我心里涌起一丝丝惆怅。幸好旁边工地上传来敲打的声音，才让我回过神来，心里不禁叹息“可惜了，可惜哦”！

当我还沉浸在追忆中时，叶局长的声音打断了我，他说：“你看这百年荔枝林多美啊，没有一个学校能与它媲美。”我说：“是的，它以前是很美，可现在……”叶局长说：“现在是闲置没人管理造成的，是杂乱遮挡了它的美！今天让你一起来，就是让你来帮忙看看这个地方适合用来干什么?”我不假思索地说：“这是个好地方啊！绿树成荫，又有食堂和宿舍，适合用来做教师培训中心。”局长指了指我说：“亏你想得出来！现在北海的大班额问题非常严重，北海市区已经是十几年没有新增学校了。”我这才明白局长的用意，他是想在这里再办一所学校。我不解地问：“这附近小学、初中、高中都有，如果要新办一所雷同的学校，那吸引力就不足了!”“那你有啥好的建议呢?”叶局长问。当时搞不清楚方向的我，信口开河地说：“那就办个实验学校呗，既然是做实验，就可以改革，就能做得不雷同。比如说，可以办个九年一贯制的学校，可以把教师学历入口提高到研究生层次，也可以采用早（上）送晚（上）放的模式，解决家长接送难的问题等，来提高这所学校的吸引力。而且一个新办的学校一定要起点高、定位高，这样才能实现快速的良性发展。”正当我不知“天高地厚”地说着的时候，叶局长又说话了：“你的想法不错啊，那你就帮个忙。想想，要办一所高标准、高起点的学校，除了你刚才所说的建议外，还可以做什么？写写办这么一所学校的十大亮点！”我瞪大了眼睛说：“这都是我随口说的，没经过思考的。”可叶局长说：“这个工作就由你来帮忙了！”我只能说：“好吧！我试试。”回到家郁闷了一下，没想到一时的有感而发，引来了额外的任务，但又安慰自己说，“这也好，可以逼自己好好静下心来对办学做一些思考”。

领了任务后，赶紧上网查阅资料，访问各大名校网页，和同行探讨交流，凭借着 20 年的教育工作经历，只想出了自己理想中的学校的九个亮点：

（1）学制：小学、初中九年一贯制。

（2）管理模式：实行早（上）送晚（上）接，全午托制半封闭管理。

（3）班级规模：小班化教学，每班35～40人。

（4）师资配备：一线教师均为研究生学历或具有高级职称的教师。

（5）课程框架：“一体两翼”。一体是指作为学业基础的国家必修课程，即“核心课程”。两翼，一是指人格成长、智慧成长的校本选修课程，二是指特色实验课程。

（6）管理智能化：学校实现教育教学、管理智能化。

（7）素质培养工程：1）人人会游泳（100 米以上）；2）人人能自救（学会两个以上的自救项目）；3）人人重健身（熟练掌握 1～2 项球类运动）；4）人人能开口（普通话水平二级乙等，日常英语口语对话）；5）人人讲礼仪（掌握现代社会礼仪）；6）人人懂艺术（培养一项艺术特长）；7）人人进社团（参加一个社团活动）；8）人人会服务（参加志愿者服务 50 小时）；9）人人敬父母（注重感恩教育，进行父母岗位体验）；10）人人爱实践（每学期有为期一周的社会实践）。

（8）名校资源共享：选派学生到优质学校全程跟班就读，初中毕业学生推荐就读名校的国际部。

（9）国际交流：每年选派各年级学生到美国、英国、德国等一些国家的学校去交流学习。

突然间，成了新建实验学校的创校校长

我忐忑不安地把这些不成熟的想法交给局长，没想到得到了局长的认同，使其最终成了市教育局向市政府提出新建“北海市第二实验学校”申请策划书中的一部分。终于完成了任务，我长长嘘了口气。更使我没想到的是，3 月的某一天，一纸公文下达，任命我为北海市第二实验学校筹办处负责人。当时我百思不得其解，我原本是一个高中的校长，现在要让我去负责筹办一个九年一贯制的学校，没有经验，那可怎么办？这时候，有的领导、同行来祝贺我去开辟新天地的，但更多的人是不理解，有的说：“你在九中做得好好的，已经把九中带出了困境，可以轻松点了，现在又去找苦找累。”有的说：“做开荒牛是最苦的差事啊。”甚至也有人替我打抱不平地说：“你把九中带得不错，也没出什么差错，领导为什么会把你从高中下调到小学去？你一定是在什么方面得罪了领导！”听到这些同情和打抱不平的声音，我的内心也很纠结，心里有一个声音在说：“不要去了，去找领导说说情吧。”可另一个声音又在说：“去吧，新的学校新的起点正好可以更好地实现自己的一些教育理想啊！”正纠结不安的时候，局党委的陈书记找我去谈话说：“让你去筹办一所新的学校，是对你的高度信任，过程中肯定会遇到很多困难，但希望你能够勇于担当。你尽管大胆去干，我们是你的坚强的后盾。”听着没回旋余地的话，看着书记期待的目光，内心“去吧，去吧，好好干”的声音逐渐强大了起来。就这样，我有幸成了北海市第二实验学校的第一任校长，心里忽然有了一丝的兴奋。

五个月时间筹建学校

当我再次来到即将成为我工作生涯中的第五所学校校园时，已经是 3 月底，心里刚有的一点兴奋，再次被眼前的惨淡景象——新教学楼还没有封

顶、危房还未拆除、校园改造的方案没完成、道路坑坑洼洼、球场一片杂草丛生、原中职校所用于学生实习的工厂车间的机器摆满了几个大棚——带入了低谷。此时我又听到购买设施设备的钱还没有落实到位，真的心急如焚！

离开学满打满算也仅有 5 个月了，现在是要校舍没校舍，要设备没设备，要老师没老师的，如何能把学生招来？如何能开学？于是，去找叶局长诉苦，建议说："能否今年先筹备，明年再招生呢？"叶局长却说："没有商量的余地！现在全市大班额情况严重，要排除万难，一定要确保 9 月 1 日正常开学！"局长的话把我的退路堵死了，此时此刻时间紧任务重，已经没有时间用来烦恼，只能往前走，硬着头皮开始调整自己的情绪和思路，给自己制定了一个短期目标：（1）抓紧撰写学校发展规划框架。（2）推动督促校舍的建设和改造、设施设备的采购。（3）广泛发动招聘教师。（4）广泛进行招生宣传。

这时已经是 4 月初，全市进入招生阶段，市招生办要求两天内提供一份关于北海市第二实验学校的招生简章，简章里要有关于学校办学理念、办学目标的陈述。这时我又懵了，两天的时间，如何为一个未来的学校提炼一个有价值的办学理念呢？何况校领导班子还没有，更没有老师、家长和学生可以一起从下至上进行研讨。可此时已经无法找推托的理由，只能面对现实快速调整自己。我思考着，一个学校的办学理念，一定要关注到老师和孩子，要简单明了，还能朗朗上口。瞬间，脑海里出现两个清晰的字"博"和"雅"，心里一阵窃喜，这也许是对学校教育的理解所内化于心的两个字吧。可上网一搜查，发现全国上下好多学校都用这两个字作为办学理念，心里既高兴又有点小失望，高兴的是居然能与众多名校长想到了一块儿，失望的是缺少了自己的特色。那如何才能让很多人所认同的理念富有自己的特色呢？两天快过去了，但还是未果，这时招生办在催交稿子了，正打算先用这两个字应付一下时，在交稿的前一个晚上，一夜难眠，脑海中突然又蹦出了两个鲜活的字"善"和"乐"。我立刻从床上跳起，把"善、乐、博、雅"四字敲打在了电脑上，接着又为这四个字进行注解：

“善”，即让人们因我的存在而感到温暖！心善——学会感恩，学会做人；智善——培养具有利于人类社会发展的技能和创造力的人；行善——举手投足间有美有大爱。（止于至善，上善若水，择善而行，乐善好施。）**“乐”**，即让成长与快乐同行！乐学——孩子快乐成长，乐教——老师快乐工作。（其乐无穷，自得其乐，乐不知疲，敬业乐群。）**“博”**，即学习终生难忘、终身受益的技能！博学——知天文地理，晓古今中外；博大——海纳百川，有容乃大。（博览群书，博古通今，博采众长，博文约礼。）**“雅”**，即让我们成为有品位的人！儒雅——知书达理，气质高雅，把男生培养成为绅士，把女生培养成为淑女，让女教师更美，男老师更帅；高雅——志存高远，做人、做事、生活有品位。（大雅君子，温文尔雅，才望高雅，雅量高致。）就这样一股脑，把自己 20 年教师生涯对学校的憧憬都写了进去。这时我又在想，学校还应该有校训，眼前浮现出的是若干年前到成都武侯实验学校参观学习时，看见楼顶上“让人们因我的存在而感到幸福”的那行大字，自己被感动的画面。我问自己：“直接照搬吗?”可再好的东西都会因照搬而逊色，何况让小学生们做到“让别人幸福”实在是件不容易的事。那小孩子能做些什么呢?我心想，如果他们能主动给周围的人问声好，给父母倒杯水，扶一把摔倒的同学，拾起校园里的一片垃圾……总能让人很暖心。于是，学校的校训“让人们因我的存在而感到温暖”就这样诞生了。带着对未来学校的憧憬，我写下了“培养具有实践能力、创新精神、国际视野和全面发展的现代文明人；让师生共享成长的幸福”的办学追求。明确了“一年起好步，两年出成效，三年成为北海乃至广西的‘两化两性’（标准化、现代化、实验性、示范性）名校”的办学定位，描绘了让“我们的孩子喜欢我们的学校，我们的老师体验成长的幸福，我们的课堂充满智慧的快乐，我们的校园勃发灵动的生机”的办学愿景。就这样，我给未来的学校勾勒了一个自己想要的模样。

4 月中旬，组织上给学校筹办处增加了两个负责人，一个是后来任命为书记的林仁发，一个是任命为副校长的钟小玲。终于盼到有可以商量的人了，3 人小组成立，也盼到市编办下达了人员编制，终于可以开始招兵买马了！我们都很明白，当前家长择校其实就是择师。一所新的学校要起好步，走得远，师资是重要的一环。于是我们向教育局提出要求调入一些优秀教师来做引领，教育局领导给予了支持，但说道，“你们先去物色，必须是这些老师心甘情愿去，才能办理调动”。这听起来也算是合情合理，便找人去试探了一下，结果是看似没问题的事情却又成了大难题，因为能成为优秀教师、骨干教师的老师已功成名就，在原学校里的工作是轻车熟路的，都不太愿意到一所既没有过去，也看不到未来的新学校里做开荒牛。这会儿又遇上瓶颈了。如果没有优秀的教师作为引路人，新学校起步会很艰难，学科教学就没有把控方向的人，年轻人就会走很多弯路，就会耽误当下的学生。怎么办呢？我决定主动去约见这些物色好的人选。听说一个叫李海樱的老师不错，于是我挖地三尺找到一个既是我的朋友又是李老师朋友的陈老师，让她帮我约李老师。第一次的约会，我主动和她拉起家常，聊孩子聊相互认识的人，聊着聊着没有了陌生感，慢慢就进入了正题。我和她谈学校的规划，向她描绘了这所学校未来的样子。也许是我的真诚打动了她，也许是我所描绘出的学校美好的蓝图吸引了她，分别的时候，她说：“我喜欢你和你所描绘的学校，我愿意和你一起去努力。”终于大功告成了！接着如法炮制，我又约见了申丽艳、张颖等一批名师。在谈话中越谈越投缘，越谈距离越近。精诚所至，金石为开，大家都觉得这所学校的未来值得向往，这源于遇见的都是有着教育理想和教育情怀的人，都表示愿意加盟一起去追逐理想中的教育梦。于是一批名师就这样和他们谈理想谈到第二实验学校来了。为每个学科找一个骨干教师的事终于有着落了，我心里又松了一口气。但绝大多数老师还需要继续去招聘，由于时间紧迫，等不及全市进行的统一的招聘教师考试，我们积极争取市人才办的支持，同意用“绿色通道”的政策去引进研究生和重点大学毕业的本科生。但这时已经到了 5 月份，已错过招聘的最佳时间，但此时此刻别无选择，立刻启动紧急的招聘模式，一方面把招聘公告发往全国各省级师范院校，另一方面直接到广西师范大学、湖南师范大学、西南大学、陕西师范大学等学校去做招聘宣讲。北海美丽的风景、优质的空气质量等还是吸引了一些毕业生前来参加面试，面试合格后，进入实际性的签约环节时，很多孩子却又以离家太远、家人不同意等理由说要放弃了。我一个个去找他们谈心，从北海大环境的优越性讲到了学校未来发展的前景。功夫不负有心人，终于说动了一些年轻人同意先到北海来看看再做决定。当这些年轻人到北海时，不管是坐汽车来的，还是坐动车来的，还是坐飞机来的，我都一一去接，带他们看北海的风景，品尝北海的美食，再把他们带到学校里来参观。那时，校园还是一片狼藉，我很担心这些年轻人看了学校不肯来了，于是在他们没到学校前就和他们打好“预防针”，我说：“我们学校是北海四大名园之一的百年荔枝园。据说，以前是个地主的庄园，是块风水宝地，现在正在建设和改造中，看起来会有些凌乱，但等全部工程完成后她将是北海最美的学校。”这当然不是胡编乱造，事实也如此。所以这些年轻人到学校后虽然有些失望，但少了些纠结。最后签约时，好些年轻人都在问我说：“胡校长，您将来一定是在这所学校当校长吧？我们来这谁都不认识，我们是因为您才选择来这儿的。”从他们的眼神里，我看到的是一种信任。我说：“放心！签了约，我们就是一家人了，我会和大家在一起的！”

白手起家忙招生

5月中旬了，老师还没有招齐，招生工作又拉开了序幕，市教育局把我们学校作为试行学区制招生的试点学校，不实行划辖区的指定入学，实行凡属于海城区户口的孩子都可以自愿报读。如果报名人数超过招生人数则实行电脑抽签形式录取，新学校很少人知道，所以广而告之又成了当务之急。小学部招生时，我们3个人分工协助，分头到了市里的几个幼儿园去宣讲，向家长们介绍我们实行的午托统一管理，介绍我们先进的设施设备，介绍我们优秀的师资构成，介绍我们将如何培养孩子们的综合素养等等，很多家长都表现出浓厚的兴趣，表示可以考虑。但在小学部招生现场，尽管我们是最热情最耐心的，可依然门庭冷落。很多家长说："听起来这所学校不错，但没有办学经验，不知道最后行不行，现在报读就像是去做实验一样有很大的风险，还是到其他成熟一点的学校比较放心。"听到这些话，虽然都是大实话，但我心里还是泛起阵阵的辛酸，我们一直和家长们说："请你相信，我们会把孩子带好的。"可这样的承诺，在家长们眼里的确显得苍白无力。我们找家长谈我们的教育理想，讲我们的规划，讲我们的优势，不厌其烦地一个接一个谈，有的家长终于被我们的真诚所感动。有个家长说："虽然我们可以选择一所比较成熟的好学校，但你们描述的这所学校更让我心动，学校就应该是充满快乐和爱的地方，从你的言语中，我看到你们都很用心很用情，我选择相信你们。"那时顿时有泪奔的冲动。

初中招生工作也开始了，我们 3 个人奔走在各个小学里，组织家长会，一遍又一遍地重复着我们对学校未来的设想和展望，还蹲守在各学校的校门口，拿着宣传资料去和家长面对面地谈，很多家长都说："你们很执着很真诚，我们都被感动了，同意把孩子交给你们。"这也许是情怀的魅力。但有的家长也很慎重，说要亲自到学校里去看一下，当时的校园是最让人尴尬的时候，但这无法阻拦。有一天，一位家长带着孩子开了一辆豪车进入校园，刚和孩子下了车，环视了一圈后，扔下一句话，"这么破的学校，我们走!"我连忙跟上去要解释，但这位家长头都不回就拉着孩子上车走了。此时此景，我心里有说不出的难过，也暗暗给自己定了一个目标——用 3 年的时间，一定要把校园建在公园里。我们 3 个人，凑在一起只能彼此安慰、彼此鼓励，说得最多的一句话就是"坚持就是胜利!"6 月份统计小学部报名人数，报名的有 201 人，比招生计划的 180 人多出 21 人，初中部有 181 人报告，比招生计划只多出 1 人。与一些热门学校相比，虽显得门庭冷清，但我们看到了希望。

暑假总动员忙工程

筹办了几个月，但看到由于资金没到位而没有任何改变的校园，心急如焚。转眼间暑假不知不觉来临了。终于盼到改造资金的下达，经过一番烦琐的招投标程序后，在 7 月的下旬，校园改造工程终于能正式启动了，可这时离开学仅剩 40 天的时间，心里真的百感交集，但已经没有任何退路，只能拼命往前冲。每天早上 7：30 我都会穿着运动服准时出现在工地，直到晚上我才离开。工地的工人常和我打趣说："校长，你这么勤快，是怕我们偷懒吧？"我说："不是的，我是没事干，是来陪你们干活的。"调侃的背后，是一种焦急的等待，是一种无声的催促，在交谈中，工人们也越来越理解我的心情，工期排得满满的，活也干得自觉了很多、快了很多，我能做的就是陪着他们加班加点。看到危房拆除了，大棚里的机械搬走了，足球场、篮球场动工了，地下管网开挖了，花草树木开始移植了，学校一天一个样地变化着，这才轻轻地松了一口气，可时间太紧迫了，还是不敢有丝毫的松懈。幸运的是，天气也很给力，施工期间没刮风没下雨，改造工作就这样日夜兼程地往前赶。工人们说："校长，放心！应该能在开学前赶出来。"听了亦喜亦忧。

8 月份眼看就到了，原定教师团队的培训时间在 8 月 15 日，但这时学校里还没有一个坐得下来的地方，答应给外地来的老师提供住的宿舍没有改造好，提供吃饭的临时食堂才刚刚动工，又是令人焦头烂额的一摊子事。

急中生智，我想到了原来所在的第九中学放假了，有学生宿舍，有食堂。于是我与九中现任的林校长去沟通，请求他们支援，林校长毫无推托地答应了，解决了一桩压得我们喘不过气来的大事。

此时，同步进行的是设施设备的采购，由于学校一无所有，需要采购的物品种类繁多，而采购的程序又很复杂，所有程序办下来离开学不到一周的时间了。中标的供货商说："时间太紧了，9 月 1 日前无法将所有设备全部送齐，特别是学生的课桌椅，因为现在的生产厂家必须拿到订单才能开始开工生产。"听到这样的消息顿时又要崩溃了，心想："怎么办？怎么办？开学了，学生没有课桌椅怎么上课？这如何向家长、孩子解释呢？"但供货商表示无能为力，想想的确不能怪他们。但是已是火烧眉毛的时候，再埋怨任何人已经没有任何意义，当务之急还是要赶紧想办法，于是我们 3 人小组商议了两套方案：一是向其他学校借闲置桌椅渡过难关；二是设置“初小衔接”和“幼小衔接”课程与市青少年活动中心联系，让孩子们先到他们那里开展一周的“衔接”课。最后采用了方案二。没想到的是，当时这项为缓燃眉之急的“衔接课程”的举措却成为学校至今的一大亮点。

新校、新学期的良好开端

这时，离老师们到校报到的时间越来越近了，学校即将汇集来自不同学校的老教师、来自全国各地的新教师。如何能让这些来自不同区域、有着不同文化背景的第一届二实验人拧成一股绳，心往一处想，劲往一处使呢？统一思想，以老带新便成了重中之重的环节。经过 3 人小组与学校的罗峥嵘主任反复斟酌，针对学校的现状和发展的需要，设计了 15 天的教师岗前培训。有“乐入职亮个相”的自我勾画，有“荔园果香珠城”的办学理念的解读，有“明规则成方圆”的岗位职责、规章制度的解读，有“始入门必修课”的教育教学常规的指导，有“名师引，博众长”的课堂教学和班主任工作的实战分析，有“赏珠城，知而爱”的北海文化考察，有“抱成团，心连心”的户外团队拓展活动，有“稳起步，后劲足”的开学第一步的指导，有各学段各学科的教材、课标的研读及教案撰写指导，还有“乐学习善总结”的学习交流分享。8 月 15 日，二实验首届 36 名教师如期而至，虽然借用的是北海九中的教室进行培训，有借厅请客的味道，但经过 15 天的磨合，这 36 人彼此不再陌生，变成彼此关心、彼此帮助的朋友。有人说：“这是神奇的 15 天，让我有了想努力做一名优秀教师的冲动。”有人说：“让我有种脱胎换骨的感觉。”有人说：“这 15 天，坚定了自己做老师的信念。”有人说：“这 15 天让我有了方向有了目标。”看到一个有情怀的团队在悄无声息地成长，心里无限欣慰，在陪伴着这些新伙伴的 15 天里，我收获着满满的感动，感动于他们的教育理想、教育情怀，感动于他们的虚心好学，感动于他们的阳光自信，感动于他们的灵动和创造力……在结业典礼上，我对大家说："希望大家能知教育爱教育、知学生爱学生、知北海爱北海、知二实爱二实，未来的路上会有鲜花也会有荆棘，会有微笑也会有泪水，但请一定不忘初心，快乐前行！"这也许是我参加过时间最长的一次岗前培训了。

一个团队应该有一个统一的显性标志，大家不约而同地想到了要统一教师的校服，于是我给大家推荐了一套改良式的旗袍作为女老师校服的式样，说："我们是中国的学校，应该传承有中国元素的东西，改良的旗袍上绣上中国特色的青花瓷花纹，不仅突出女老师的优雅，更是一种传承的导向！"大家说好看！喜欢！可是这衣服需要量身定做，价格略高，要450元，新来的教师又还没有经济来源，财务制度又不允许用公款统一购买，咋办呢？这么好的一个想法不想就这么放弃，于是我和大家商量，由我先给老师们垫支，往后老师们每月领了工资就还我30元，无期限，还完为止。大家高兴地接受了，于是我们就有了独一无二的老师校服。

如期开学啦！

9月1日，是开学的日子，干净整洁的校园里迎来了二实验首届的孩子们，孩子们天真烂漫的笑声回荡在百年荔园里，焕发着勃勃生机。9月9日，一周"衔接课程"结束了，一切准备就绪。在掌声中，北海市第二实验学校正式揭牌成立了！

5个月，很短，短得让人每刻都在奔跑；5个月，很长，长得见证一所学校从无到有。坚守是一份责任，情怀是一份信念，当这一切成了工作的习惯，每天都会阳光灿烂！

跋涉耕耘，“氧”润人生

——我的校长专业成长叙事

北海市实验学校　王晓玲

美好的清晨，校园里孩子们笑靥如花。今天，三年级的孩子们正在开展“来自星星邮递员的感恩祝福”活动。他们把自己制作的感恩卡送给老师、保安叔叔、食堂阿姨……有一个孩子送给我一张树形卡片，上面写着：“我们的学校就像一棵大树，我们像快乐的小鸟一样，呼吸着新鲜的空气，健康自由地成长。感谢您，校长!”感恩教育是我校“有氧教育”系列中的一个主题。望着孩子们灿烂的笑脸，我的心里涌起了幸福。正是无数次这样微小平凡的幸福感，促使我在专业成长的道路上，跋涉耕耘，始终保持着教育的本、真，追寻教育更美好的明天。回顾以往，“问道”“研修”“精进”这三个词印记在我的成长之路上。

问道，寻找学校发展的突破口

学校可持续发展的生命力是什么？学校的办学特色是什么？如何勾画学校新一轮发展的蓝图？2010 年 3 月，我到北海市实验学校任校长，沿着学校的历史足迹我一次又一次地追问自己，试图在她的发展中寻找教学的突破口。这所学校几经易名，叫“西塘中心校”时，有过小学、初中一体化办学的历史；后更名为“北海市师范附小”；2002 年 12 月，再由“北海师范附小”更名为“北海市实验学校”，旨在创建九年一贯制学校。我思考着，有历史渊源的九年一贯制学校的发展主线在我的脑海中逐渐清晰起来。我阅读了大量有关于九年一贯制学校的资料。《国家中长期教育改革和发展规划纲要（2010—2020 年）》提出“树立系统培养观念，推进小学、中学、大学有机衔接。”九年一贯制学校，最大的也是常常不为人们所见到的隐形优势，在于整合育人目标，实现育人目标上的九年一贯制的“直通车”，确保素质教育的长效机制。在学校培育特色上，九年一贯制学校具有天然的优势。我在阅读海量资料的基础上，先后组织教师赴苏州工业园区星港学校、星湾学校、吉林省第二实验学校、北京育才学校、杭州天杭教育集团进行学习，一所能够有效整合资源的现代化的九年一贯制学校在我脑海中初具雏形。2010 年 10 月，我组织全体教职工研讨并拟定学校的五年教育发展规划，确立"创自治区九年一贯制示范校"的办学目标，形成全体教师共同的发展愿景。如何真正做到"九年一贯制"中的"一贯"？如何有效地实现中小学的无缝衔接？在不断地追问、思索中，我主持展开《九年一贯制中小学衔接教育实践研究》课题研究，围绕"一贯""衔接""发挥优势"进行探究，为我校办学水平的提升打开了突破口。

问道，是一种思考，一种探索。思路决定出路。"善问者，如攻坚木，先其易者，后其节目。"(《礼记·学记》)只有志存高远、切中要点，才能运筹帷幄。

研修，凝练"有氧"文化理念

"海不辞水，故能成其大；山不辞土石，故能成其高。"(《管子·形势解》)一名校长必须不断增强专业知识，提升专业素养，将研修当作专业成长的阶梯。

读书，是自我研修的重要途径，我常常与书为友，广泛涉猎，教育、心理、文学、历史、地理……担任校长后，我更是把阅读教育教学著作、教育权威期刊作为自己的必修课，如《中小学管理》《中小学校长》《有氧信息》等，在阅读中反思内化、融会贯通，在阅读中净化心灵，构筑精神家园。

学习培训，是自我研修的重要平台，我在导师的指导下、与同行的交流中不断成长。2012 年秋，我赴北京西城区进行了为期三个月的挂职学习，在挂职点北京市三十九中学进行了跟岗锻炼，参加了西城区教育科研月活动，观摩了 20 多所学校精心安排的专题活动。其间，我将学、思、悟、行紧密结合，用 3 本工作笔记记录心得体会，主持编辑挂职小组的文集。最触动我的是北京学校独具个性的校园文化。例如，北京青年湖小学的办学理念是“为每一个孩子提供适合的教育”，校训为“一笔一划写好字，一生一世做真人”；北京西城区第二实验小学对学生的培养目标是“美（美出修养和特长）、玩（玩出健康和情趣）、学（学出习惯和大气）、做（做出责任和妙想）”，对教师的要求是“形象（美丽地工作）、学习（智慧地工作）、合作（快乐地工作）”。北京青年湖小学古香古色、翰墨飘香的走廊，北京市第三十九中学“敬、净、静、竟、境”的校园氛围，让我深切地感受到：文化理念是学校的生命所在，是办学特色的体现，是一所学校的灵魂。作为校长，要用先进的办学理念，高屋建瓴，引领学校的文化建设。因此，我组织全体教职工开展文化讨论，提炼出“有氧教育，和谐发展”的办学理念，将校训“德正、体健、业精、情悦”作为师生共同的行为准则。氧是自然界最重要的组成元素，氧气是绝大多数生物生存的前提。氧气是鲜活的、灵动的、健美的，我提出“有氧教育”就是要一改过去自上而下的执行式教育的乏味、机械，倡导基于教师、学生成长需要的教育，倡导富有活力与创新精神的教育。我组织开展校园文化系列固化工程，通过开展校园文化建设向师生传递共同的精神追求。

2013年11月，我参加广西基础教育名校长培训班，2014年9月参加北海市中小学名校长培养“领航工程”研修学习。在研修中，我就九年一贯制的办学思路和办学理念与导师、学员进行探讨交流，不断地充实“有氧”校园文化体系的内容。在学习培训中，得到马宪平书记、余新教授、杨秀治教授、张忠萍校长、叶蓓蓓博士等导师的悉心指导。张忠萍校长鼓励说：“‘有氧教育’的理念让人耳目一新，体现了本校的文化特色。办学理念是一所学校的精髓所在，要贯穿在学校所有的教育教学中。文化就是你们学校的旗帜！”余新教授指导我们将“点线面一体化”的校园文化管理模式提炼为“钻石体”管理模式，精准地总结了我校九年一贯制学校稳固、独特的管理特点。导师们在肯定学校的办学成绩和办学理念的同时，就如何丰富“有氧教育”的内涵，从环境育人、精神塑人、制度导人、活动化人等方面给予了具体指导。2014—2016年，我校作为名校长培训基地，接待了来自全国的24名校长的跟岗学习，来自新疆、贵州、四川、云南、广西等省市自治区的校长们给我带来许多思想上的启发，我与他们展开了持续的切磋学习。他们扎根教学一线，克难履艰的敬业精神使我由衷地敬佩，他们立足本土文化打造鲜明的地方教育特色的做法使我深受启发。

每年的教育周活动是我市教育发展事业的盛事，对于我来说更是难得的学习提升的机会。我争取参与研讨，争取在我所在的学校承办分会场研讨活动。有人说“平时的工作任务就够繁重的了，再主动申请承办研讨活动，这不是自找累吗?”可我却觉得研讨能更好地促进办学，能集思广益，更好地进行反思、诊断、长进。2014年11月，在北海市第三届教育活动周，我做了题为《树“有氧教育”，创九年一贯特色》的报告，北京市育才学校的刘继忠校长为我校办学把脉诊断。北京育才学校是由小学部、初中部、高中部组成的12年建制学校，在跨学段管理、中小学衔接等方面有许多值得我们学习的地方。我多次向刘校长取经，并促成我校与北京育才学校之间的友谊，共同组织开展教师学习、学生游学等活动。2015年11月，在北海市第五届教育周活动中，我就学生评价话题汇报《有氧评价，成就发展》，虚心发问、抛砖引玉。2016年4月，在北海市第六届教育周活动中，我做了题为《九年一贯制学校一体化管理“钻石模式”的探索与实践》的汇报，总结了北海市实验学校的管理模式。

“如切如磋，如琢如磨”，每一次的互动研修，都是一次磨炼，都会碰撞出智慧的火花。

精进，追寻“有氧教育”的诗和远方

从踌躇满志的梦想型校长，到审时度势的反思型校长，再到拥有了一定办学思想的研究型校长，我在专业成长的路上始终精益求精、锐意进取，遇到更好的自己，做更好的教育。

2011年秋，我校九年一贯制的办学举措在北海市尚属首例，当时不少人对我的教育设想持观望甚至怀疑的态度。一年下来，有人说："没有什么明显优势和特点呀！"我也曾疑虑、委屈、困惑。但看到理想的教育与现行的教育之间的差距时，那种与生俱来的责任感让我无法懈怠守常。学习型组织之父彼得·圣吉曾说过，"与孩子对话的时候，就是与未来相遇的时候。教育能真正塑造未来"。教育不能急于求成，我们今天所做的一切，不是短时间就能看到效果的，三年、五年，甚至更长的时间才能看到成效。我们是在为未来做教育。

如何因势利导地实施九年一贯制的教育？根据学生的年龄特点，我提出的"九年九德育"呈阶梯成长一贯化，每个年级均有主题鲜明的主题教育，形成学生人格发展的阶梯。曾经听家长这样说："现在的孩子都是家里的小皇帝、小公主，一个孩子几个大人围着转，往往养成孩子自私的毛病"。说者无意，听者有心。自私、不懂关爱确实是现在许多孩子普遍存在的问题，我们应当反思现行教育中对"爱的教育"的不足。其实我们一直在这方面进行宣传或组织一些活动，但收效甚微。怎样才能让"老吾老以及人之老，幼吾幼以及人之幼"成为孩子们持久的行为，内化成其真实的品格？在"九年九德育"的基础上，我对德育有了更高的期望。一天课间，天空下起了蒙蒙细雨，我正在教学楼一楼巡视，担心一年级的"小豆包"们不知天高地厚地跑到外面摔个跟头。呀！果然，一（5）班教室里冲出个小男孩，小跑向另一教学楼的大队辅导员办公室。我正想叫住他，一位路过的高年级的学生为小男孩用伞挡住了雨，牵着小男孩的手说："小朋友，小心！"这一幕深深地触动了我。有更多温暖的手能这样自然相牵，有更多的真情能这样自然流露，不正是我们"爱的教育"所追寻的吗？我在笔记本中写下这些想法，分析了我校学生年龄跨度大的特点，同时借鉴其他九年一贯制学校的做法，"朋辈教育"的想法在我心中萌发。在孩子们最喜欢的"六一"儿童节，进行了关于"朋辈教育"的最初尝试，七年级的同学为一至六年级的学弟学妹们组织策划游园活动，全面铺开教育活动：七年级学生干部给一年级学生上队课，高年级学生给学弟学妹做心理辅导，"朋辈"篮球赛，团员、少先队员共成长，诚信水站等系列活动的开展，使孩子们在潜移默化中学会了关爱他人，使乐于助人成为一种习惯，校园里处处充满温情，"爱的教育"水到渠成。

做精进的教学。我带头开展教学科研，进行"无纸化"备课研讨、"'有氧课堂'五环节"课堂教学模式改革、学生五项技能评价探索……我主张"温暖和谐、简约高效、活力创新"的"有氧课堂"，开设个性化的走班课堂以开发孩子们的潜能。其中一门叫作"快乐种植"的课程深受孩子们的欢迎，课堂的主阵地是学校围墙边上的"快乐农场"，这块地以前是被学校遗忘的角落，杂草丛生、碎石成堆，现在我们将它改造成了"快乐农场"，专门用来培植各种谷物蔬菜。在这里，孩子们可以观察植物从一颗种子到结出果实的生命历程，探究自然世界的奥秘。"校长，种大萝卜真不容易，'棵棵'皆辛苦呀!""校长，瞧，这玉米宝宝长得多壮实!给您拿回去尝尝!"孩子们体会着劳动的艰辛，也分享着丰收的喜悦!而每年的体艺节则是孩子们展现"有氧课堂"学习成果的大舞台。2013 年的体艺节在往届体艺节的趣味体育项目的基础上加入校本课程展示的节目；2014 年的体艺节进一步丰富艺术项目，拓宽参与面，在两个校区分别开设为期一个月的展示舞台，孩子们自由报名进行乐器表演。"街头式"的表演方式既时尚又无拘束，深受孩子们的喜欢，持续一个月的"街头"表演参与者达五百人；2015 年的体艺节再次拓展展示内容：书法、绘画、现场表演，双语脱口秀等；2016 年的体艺节，增加了围棋、象棋等摆阵对垒和机器人操控表演。每年的校本课程也不是一成不变，我对老师们说："只要你有能力，你可以提出开设任何一门课程!"兴趣、志趣、情趣、妙趣，"有氧大课堂"妙趣横生。在教学上，没有一成不变的模式，唯有精进才能成就精彩!唯有精彩才能成就生命的悦动，唯有悦动才能成就富氧润泽的校园。

德国哲学家雅斯贝尔斯曾说："教育意味着一棵树摇动另一棵树，一朵云推动另一朵云，一个灵魂唤醒另一个灵魂。"在我的影响下，老师们在教育教学上力争上游，形成教师成长共同体。他们积极制定个人专业成长计划，争当“骨干教师”“学科带头人”“教坛名师”。2013 年毕业的研究生李振华老师经过 3 年培养，行政及教学工作成熟很快，务实创新、独当一面的她已被提拔为学校中层领导，并被列为教育局校级领导的培养对象；2015 年 7 月刚刚研究生毕业的刘小英老师在北海市物理教学大赛中崭露头角，成为学校的“教坛新秀”；刚毕业的免费师范生覃晓琳老师说“自己在以神一样的速度成长”，走上教学岗位仅仅两个月的她代表北海市参加广西壮族自治区美术课堂大赛并一举荣获二等奖……教师的成长直接影响着学生的成长，争评“卫生规范明星”“行为规范明星”“学习规范明星”，争当“小学士”“小硕士”“小博士”……学生们你追我赶，“上进善学”蔚然成风。

在精进的教育中，我进一步完善了“有氧教育”文化体系，把校园打造成师生的幸福家园，让九年制教育成为孩子们远足的坚实的基础。郁郁葱葱的榕树、流水潺潺的荷苑、雅致宁静的校园文化长廊、“O_2”造型的特色橱窗、教学楼梯间的“有氧书吧”，处处都营造了“有氧”氛围；体艺节、读书节、“朋辈”教育、“九年九德育”、“1235”学生“有氧”评价体系、“教师蓄氧训练营”“有氧大课堂”……像一个个灵动、蓬勃的“氧气精灵”在校园里跳跃、欢笑，老师和孩子们在校园这个“大氧吧”里身心愉悦、充满活力。

当教学日益精进的要求促进我不断成长的时候，我发现教育的路子越走越宽，而凝练办学思想、做教师教育研究则成为一种深层次的内在需求。这时的我不只是一名忙碌的行政管理者，于教育研究有了更广阔的天地。今天，当学生为这所充满生机与活力的学校感到自豪的时候，当这所九年一贯制学校彰显优势发挥辐射作用的时候，你也许会惊叹她的发展。也许你会问我：“为什么你的身上似乎总有无穷的精力？你是怎么做到的？”我想说：“你若真的爱孩子，你若拥有仰望星空的教育信仰，你就会拥有脚踏实地的教育情怀，你就会勇于为孩子的未来改革创新。”

问道、研修、精进，不是专业成长的一段过程，而是贯穿教育发展过程始终的无数次反复。导师的引领指导、同仁的真知灼见，那些问过的“道”、读过的书，以及坚定的信仰、践行的教育思想，都是我专业成长中源源不断的“氧气”，丰润了我的人生。在七彩的阳光下，在丰盈的氧气中，我听到了自己拔节的声音，也听到了老师和孩子们拔节的声音……

做温情校长，办温暖教育

北海市海城区逸夫小学　王碧凤

20年前，我有幸走上教师的岗位，成为一名光荣的人民教师。多年来，我从普通教师成长为校长，尽管岗位职责几经变换，但我对教育的情怀却不曾改变，我一直在问自己："我要做什么样的老师？什么样的校长才是好校长？孩子们需要什么样的教育？"我想：教育是一种责任，是一份真情，是心灵与心灵的撞击，是一门温暖的功课。"好校长就是搭平台，办有故事的教育，让师生实现心灵的交流。"做温情校长、办温暖教育是我的梦想与追求。我认为，在管理过程中，"教师角度"是我们的视角，"教师立场"是我们的根基。对校园精神的倡导、对师生人文关怀的重视、对教师职业精神的呼唤，是一个温情校长的职责。

温情故事一（教师篇）：尊重信任，让心灵回归

职业懈怠是职场中常见的问题，我校就有一位教师产生了较为严重的职业懈怠心理，工作缺乏热情，存在应付心理。当时我刚上任，作为学校的管理者，本着对学校、对工作、对老师、对学生负责的态度，我开始思考应当如何改变这种现象，帮助老师重燃教育热情。我想，如果对这位老师大加鞭挞、一味指责，只会将这位老师越推越远。职业懈怠心理的产生都是有原因的，于是我沉下心来认真分析原因，认识到她是由于跟前任校长意见不合才慢慢滋生了工作上的懈怠情绪。于是，我决定用我的方式去解决这个问题。

当时学校要派出一位老师参加市里的教学比赛，我了解到这位老师的组织能力、教育教学能力都很强，在教师中有一定的影响力。于是，我提议把参加比赛的机会给她。一开始她表示拒绝，但我说，"学校的年轻教师居多，大家都没有经验，你先给大家做个示范，就当是帮帮我，也帮帮这些年轻教师，有什么困难我们一起解决"。终于，她答应了，并且在比赛中获得了一等奖的好成绩。趁热打铁，我让她担任年级组长，经常让她组织老师开展业务学习交流活动，并且让她担任小组的发言人，有意在教师群体中树立她的威信，让她有成就感、归属感。渐渐地，我发现这位老

师脸上的笑容多了，跟老师、学生的沟通多了，工作也变主动了。有一次，她班里的一位学生因为和一位年轻的科任老师发生冲突而不肯回校上课，这位学生的家长意见也相当大，年轻教师不知所措。于是，作为年级组长的她晚饭没吃就到学生家里，苦口婆心地做学生的思想工作，做家长的沟通工作，坚持了一天、两天、三天……最后，家长终于被感动了，也认识到自己孩子的不对，原谅了这位年轻教师。

学校管理的核心是人，即教师。学校管理者必须充分地认识到，教师是学校的主人翁，管理要以教师为主体。美国心理学家威廉·詹姆士曾说："人本质中最殷切的需求是渴望被肯定。"相信没有哪一个教师会真正地对工作消极应付，谁不希望自己得到别人的认可？他们只是在遭遇某些事情时一时无法化解而已！作为学校的领导，如果对教师的管理一味地强调量化考核，以严格的制度、冷冰冰的数字去约束、监督教师，这种非人性化的管理必然会导致教师工作主动性的丧失。领导和教师之间需要的是彼此的尊重和信任。因此，校长不妨"蹲"下身子，走近教师，接近他们的心灵，倾听他们的真实想法，多站在教师的角度去思考，将心比心，用坦诚的心去包容教师暂时的迷茫，在真挚的沟通中，完善自己的办学理念，丰富自己的办学思想，化解教师的困境和迷茫。同时，学校领导以充分尊重每一位教师为前提，为教师营造宽松、温馨的工作环境和良好舒适的学习环境，让教师生活在一种被信任、被尊重、被理解的氛围中，内心流淌喜悦，涌动爱心与责任心，在教育教学中点燃激情，消除懈怠。

温情故事二（教师篇）：帮助与陪伴让坚冰融化

一谈到拆迁，"钉子户"问题常常让拆迁方大伤脑筋。我校在拆除旧教职工宿舍楼的过程中也遇到了类似的问题——几位教师迟迟不肯搬出。一方面，这些老教师长年在此生活，已经习惯了这里的环境，并且对这里有浓厚的感情；另一方面，搬离职工宿舍就意味着面临买房的问题，这对收入不多的老师们来说是一个很现实的难题。于是几户人家联合起来组成了“钉子户”，不管校方怎么劝说，他们都不退让。施工方、教育局的领导都拿他们没办法，总不能强拆吧！

眼看修建新教楼的工期临近，再拖延下去，明年孩子们的入学问题就会受到影响，该如何解决我校的“钉子户”问题呢？我想，老师都是知书达理的人，只要思想工作做到位，向他们说明拆除旧楼、改建教学楼是为了解决大班额问题，老师们是能理解的，他们不想搬出的主要原因是对今后的生活有所顾虑，因此解决问题的关键在于帮助老师们解决后顾之忧。这就需要我们站在他们的角度，倾听他们的意见，帮助他们解决实际困难。于是，我来到每位老师家里了解他们的需求，这些老师没有什么存款，买不了商品房，于是我根据相关政策，为老师们申请了廉租房；有些老师担心住得远了，孩子上学不方便，于是我协调了相关学校，为这些老师解决了孩子上学的问题；有一位老师的身体不好，我为他联系了上级医院的专家给他看病，老师住院期间，我和工会的同事常常陪伴左右……工作做到了老师们的心坎上，老师们很快就搬离了宿舍楼，改建工作如期进行。

苏霍姆林斯基说过：“校长对学校的领导，首先是教育思想的领导，其次才是行政领导。”和一些老师聊天的时候，有人感叹：紧张的工作、超负荷的压力、地位的卑微、工资与福利的微薄，都不会对其工作积极性产生很大影响，但工作环境、社会环境的人性真空，让他们时常感觉到为人师者的疲惫与悲哀。教书育人一直被当作天底下最光辉的职业，肩负着传承社会文明、弘扬优秀文化的重要使命，然而，当前的教育缺乏的恰恰就是对老师足够的人性关怀。老师在教给学生为人处世的道理时，却往往疏于自身尊严的维护、权益的保障；当老师面对学生的谩骂甚至殴打时，我们的制度不但不给学生最严厉的处分，相反总是强调教师要忍让和迁就。教育，是人的教育，老师作为施教者，应该首先得到人性的关怀，而这种人性关怀，需要在心理上得到重视和关注，更需要在制度上得以体现和贯彻。我们的制度，应该站在被管理者的角度去考虑问题，坚持以人为本的管理理念，想人之所想，急人之所急，营造人性关怀的良好氛围。作为学校管理者的校长应多关心教师、尊重教师、理解教师，不管是在工作上还是在生活中，多了解教师的实际困难，主动征求教师的意见，集思广益，让教师感受到尊重关怀。

温情故事三（家长篇）：冷处理，化干戈为玉帛

作为一所学校的当家人，我经常会与家长打交道。家长文化层次、职业类别各不相同，面对孩子出现的问题可能会有各种各样的反应，这就需要我们学会与家长打交道。

这天，我正在办公室处理公务，外面吵吵嚷嚷地进来好几个人，其中两位脾气异常火爆，口口声声说要校长给个说法，其他几位则不停地附和。这样的局面，我根本插不上话，只能冷处理，做一名耐心的倾听者。原来，他们的孩子军军因为没完成作业被老师批评了几句，然后就离开了学校，也没有回家，家长找不到孩子就把气发泄在老师身上，责怪老师批评孩子。摸清事情的来龙去脉之后，我给他们倒上水，请他们坐下，然后说："军军妈妈，其实老师也是为了孩子呀!"谁知军军妈妈一听又来气了，又一次连珠炮似地责备："现在孩子都不敢回家，他怎么是为了孩子？万一孩子出事该怎么办？他负得起责任吗？"我只好等她平静下来再说："军军妈妈，你觉得孩子需不需要做作业？""当然需要。""那孩子不完成作业，你觉得老师该不该批评教育？""应该，可是……"没等军军妈妈说完，我摆摆手，示意她坐下然后说："我理解你的心情，但其实你应该感到庆幸，孩子遇到一位负责任的好老师。孩子有错，老师对其进行批评教育，这样才有利于他的成长。孩子平时在家里，大家都宠着，就像温室里的花朵，经受不起一点点挫折，我们家长有不可推卸的责任。至于怎么引导和帮助孩子，是我们下一步要做的工作。现在，当务之急是先把孩子找

回来。”在我的耐心劝说下，孩子的家长终于平静下来，后来，在班主任和家长的共同努力下找到了军军。

反思事件的过程，我采用了冷处理的解决方法。工作中，我们难免会遇到类似的事情，这时，冷静是前提。冷静地看待事物发展的全貌，分析矛盾纠纷产生和爆发的前因后果，就能知己知彼，既明确各自应承担的责任，又找到解决问题的有效办法。当然，在冷静中，还得有热切的关注、热情的接待、热心的周旋、热忱的解答，冷静的同时学会共情，学会换位思考，要尝试站在家长的立场想一想，体会作为家长的心情。作为学校的管理者，我们谨记家长和学校的共同目标都是让孩子学会做人，再去做学问。在教育战线上，家长和老师始终是盟友，即使有观念上的不同，但只要目标一致，就能商量出好方法。只要家长体会了老师的用心，在教师的引导下，是会化干戈为玉帛的。

遇事学会冷处理，给对方思考的时间，给自己回旋的空间，是一种解决问题的务实眼光、坦诚姿态。遇事不冲动，不让矛盾升级，不使问题衍生问题，是一种能力自信的表现，更是一种为人处世的修养。

温情故事四（学生篇）：关心帮助让顽童转变

德育工作是学校工作的核心，而德育工作中最令人棘手的就是转化后进生。在工作中，我也深深地体会到，师爱是师生心灵沟通的桥梁，是转化后进生的法宝。

我校有个学生叫东东，他不爱学习，好搞小动作，还经常扰乱他人学习；性格固执，喜欢搞恶作剧，处事情绪化，在学校里打架闹事是常事，是班级有名的“捣蛋鬼”。我和班主任、政教主任多次找他谈话，但他只是在口头上答应，行动上却毫无改进。看到他不思进取，老师们纷纷摇头，甚至对他下了判决书：“孺子不可教。”可是，不理他，他却变本加厉，开始严重扰乱上课秩序，任课老师们十分头疼。该怎么办呢？

有一天，我刚走出校门，就有学生跑来告诉我："东东出事了！"原来是他跟校外人员打架，被别人用板凳敲破了头。我急忙跑过去，抱起孩子就往最近的医院跑。幸好孩子只是受了外伤，没什么大碍。在观察等待的过程中，我掏出手机要给孩子的家长打电话，被孩子阻止。在跟孩子的谈话中，我得知孩子的父母离异，父亲又重新组建了家庭，对他不闻不问；母亲也去广东打工了，孩子跟着爷爷奶奶生活。我明白了：家庭的变故影响了孩子。让大家感到头疼的捣蛋鬼其实是个可怜的孩子，小小年纪就失去了父母的爱。东东的心理是敏感的、自卑的、缺乏安全感的，他捣蛋也许只是为了吸引别人对他的注意。我带他吃了饭，然后送他回家。晚上十点多钟，当我从孩子家出来时，孩子站在门口一直望着我，我从孩子眼中看到的分明是纯真与依恋……

从那以后，我经常找东东聊天，了解他的学习和生活情况。根据孩子爱运动的特点，我让他参加了学校的足球队。一方面转移他的注意，避免他整天无所事事；另一方面也想帮助他找回属于自己的"人生跑道"。教练也对他特别照顾，让他担任足球队队长。同时，我跟他的父母取得了联系，跟他们进行了深入的沟通，让他们轮流抽出时间来陪孩子。渐渐地，老师们开始反映东东变了，脾气没有那么急了，很少和同学发生冲突，上课也不捣乱了，能坐在位置上听课，还能写一些简单的作业。在校园足球比赛中，东东带着队员们顽强拼搏，为学校争得了荣誉。

通过以上案例我以为，要想转变"顽童"必须做到以下几点：

首先，我们应"以人为本"，尊重关爱每一位学生。教育是心灵的艺术，教育的过程不仅仅是一种技巧的施展，更是充满了人情味的心灵交融。心理学家认为"爱是教育好学生的前提"，因此做好教育首先要与学生建立一座心灵相通的爱心桥梁，对那些后进生我们要亲近他，以爱心去呵护他；要多与学生沟通交流，深入了解学生，做孩子知心的朋友。孩子的心灵是最敏感的，你真正关心他，他就会信赖你、尊重你。

其次，我们要全面地评价每一位学生，及时发现孩子身上的闪光点。

每个孩子都是独一无二的，我们应给予孩子积极的引导和鼓励，根据孩子的身心发展特点培养孩子，让孩子在轻松愉快的氛围中学习和生活，让他有归属感、成就感，这样孩子就不会轻易自暴自弃。

最后，要多与学生的家长沟通交流。家长是孩子的启蒙老师，良好的家庭教育对孩子学习习惯、学习态度的养成，以及学习成绩的提高有重要的促进作用。学校教师要引导和帮助家长，让他们充分认识到家庭教育的重要性，自觉做好孩子的教育工作，尽好家长的责任与义务，通过家校合作，共同为孩子营造健康成长的环境。

实际上，在转变东东的同时，我的教育观念也在转变：方法转变了，心态也转变了。我对教育有了更深刻的理解与感悟。教育是一项温暖的事业，是一种责任，一份沉甸甸的爱。教育者要用自己温暖的人文情怀温暖学生的纯真世界，要用自己温暖的心灵感化学生的心灵。我认为内心温暖的教师才能培养出内心温暖的学生，唯有内心温暖才能影响他人、感动世界；唯有内心温暖才会懂得崇尚善良、诚实，走向内心的平和与人格的完善。我希望将来我们培养出来的学生内心是温暖平和、善良诚实的，是懂得宽容别人、尊重别人的，是人格高尚的。作为一名校长，一所学校的当家人，我要加强自身的学习，走进教师、学生、家长的心灵，用勤奋撞击成功，用温情与博爱呵护事业。我感谢我的同事、我的学生以及学生的家长，是你们让我不断进步、不断成长！

第三部分　初中校长领导力修炼

我的三个教育小故事

北海市外国语实验学校　杨惠萍

小纸条点燃激情

在北海市实验学校做校长时，在我的办公桌右下方的柜子里，放着一叠小纸条，每当空闲，特别是心情不佳时，我就会拿出来看一看，看过之后，心情就会慢慢好起来。好几年过去，每次整理办公桌，始终不舍丢弃这些小纸条。这叠小纸条是怎么来的？为什么会有如此魔力呢？

2002 年 8 月，我初到北海市实验学校任校长，那时它的名字叫北海市师范附属小学，是一所城乡接合部的学校。学校情况不尽如人意，本校的教师都不愿意让自己的孩子在这里读书学习，优质的教师想往外校调。如何扭转这一局面？如何把教师工作的积极性和创造性调动起来，更好地促进教师的发展，引导教师着眼于未来，让自己的今天比昨天好、自己的将来比现在好？为此我找到了一个点燃教师奋斗激情的切入点——年终考评。

作为学校常规管理的一部分，每到岁末年初，学校都要组织全体教师进行年终考评，考评结果是学校评价教师工作质量的重要指标。常规的年终考评分为三个步骤：首先，由每位老师轮流根据德、能、勤、绩四个方面对自己一年的教学工作进行汇报和总结。其次，每位老师对其他老师进行打分评价。最后，学校通过计算机统计汇总每位老师的得分，得出每个老师的考核结果，似乎一个分数就是一个教师一年的工作成绩。每到年末，老师们都例行公事般地完成这项工作，“大锅饭”“不愿意得罪人”“干再好分数也一样”的心态普遍存在。“老好人”现象让老师们表面一团和气，但它伤害的是真正干事业人的心，挫伤的是他们的工作热情。优秀的老师没有通过年终考评得到公正的评价和鼓励，表现不佳的老师也没有因为客观的评价看到自己的差距和努力方向。渐渐地，老师们在自己斟的这杯“温水”里面日益归于平庸，更不会触发自己真正的教育意愿和自我提升的动力按钮，评价的导向功能在这样的评价方式中不断被弱化。

“一个人，总该不时回头看看最初。”在教育的路上，同样如此。为了真正做到“以人为本，重在发展”，我组织班子进行了年终考评的改革：首先，由主持人说明年终述职与教师间评价的意义。其次，请每位老师轮流进行一年工作的汇报和总结。在每位老师述职之前，发给每一位老师一小叠细长的纸条。要求每位老师在听台上老师述职时在纸条上写“作业”，即写台上老师的优点和希望，而且可以不署名。

当每位老师轮流在台上述职的时候，下面的老师就根据述职老师的自我评价以及平时表现，按照主持人的要求，以优点为主，对于不足部分以提出希望的方式，把对该老师的评价写在小纸条上。会议结束后，主持人将老师们写好的评价纸条收集起来，装订成一叠，再交给被评议的老师。至此，每一位老师收获的不再是一个简单的没有温度的评价分数，而是一份饱含温情的教育教学“谏言书”。

现场评价的方式固然让每一位老师都有点紧张，但原来例行公事般的年终总结没有了，取而代之的是每个人推心置腹、开诚布公的自我烛照。于是，那一天，我看到了以往年终考评会上从未出现过的景象：老师们或羞涩或自信，十分真诚。他们站在台上，不吝分享自己教学的苦乐与得失，语文老师温情感性，数学老师理性深刻，艺体老师个性鲜明……纷纷赢来了阵阵掌声。而台下的老师时而微笑，时而感叹，甚至于共鸣之处眼含泪花，在笔落之时满含深情。等到收评价小纸条的时候，有些老师还说：“再给我点时间。”“我想说的实在是太多了。”

在我代表班子进行述职的时候，我曾猜想，因为平时工作要求比较高，有时候措辞比较严厉，很多老师都不会给我什么好话吧。可是当我拿到厚厚的一叠小纸条，坐在办公室里一张张翻阅的时候，却深深地被感动了。

“知遇之恩，没齿难忘。跟着你，一路有劲。”这是我的副手写给我的话。将一所城乡接合部的小学办成在社会中有着一定影响力的学校，我知道这些班子成员付出了多少的汗水和辛劳，我从未刻意给过他们什么荣誉称号和发展机会，但跟着我撒开脚步向前跑的办学历程，在他们的眼里，却如此珍贵。收获着这样的信任和支持，何尝不是我的福气？

“杨校长，您就好像我们的定海神针。您在学校的时候，就觉得安定，您一出差，就觉得心里空落落的。”这是一个为学校服务多年即将退休的老教师写的。他对学校的人和事都有着深厚的感情，那种像家人一样的关注和依赖，让我动容。

“杨校长，这一年虽然很辛苦，但是学校得到了家长和社会的认可。身为实验学校的老师，我感到特别骄傲，但实在是太累啦，能让我们放松一下就好了。”后面还画上了一张笑脸，却没有署名。的确，为了提高学校的知名度和影响力，这一年组织了大量的活动，老师的个中辛劳自不言说，他们的意愿，真实而有道理。

“杨校长，我记得您批评我的每一句话，也记得您在家长面前对我的维护。新的一年，我会努力，且一定不会再为您添麻烦。”这是一个曾因体罚学生而被家长投诉的体育老师，年轻的老师碰过壁才能更好地控制自己的情绪。

我翻看一张张老师们对自己的评价，心里的那份感动无以言表，这些纸条上的内容，很多并不是真正意义上的优点和建议，但确是一个个老师怀揣感恩发自肺腑的声音，不张扬不虚华，却温暖感人。我真正感觉到实验学校是一个温暖的大家庭，是一个有着满满正能量的大集体。

第二年的年终考评，我们还是继续采用小纸条来进行评价，但对评价的要求进行了补充完善：要求罗列优点要具体，提出建议要实际。表扬为主，建议为辅，教师看见建议更多地感受到的是同事之间的关心与重视。在将小纸条分类整理时，我们发现，老师们的声音更理性、更客观了。鲁迅先生曾经说过，不满是向上的车轮，能够载着不自满的人前进。教师们通过小纸条感受到自己被认可，也看到了自己的不足，从而在心底里自然而然地产生了“要做得更好”的愿望，更有利于推动工作质量的提升，有利于促进学校的发展。事实证明，那些虚心接受批评，不断改造自我、提高自我、完善自我的教师，后来在学校发展的过程中也成绩卓著，收获了许多荣耀。

到了第三年，我们尝试将这种年终考评和绩效奖励进行挂钩。有了小纸条的情感基础，老师们对彼此的评价更加量化和具体，评选出来的优秀教师也不再是“让出来的”“顺轮出来的”人员，而是工作中真正的楷模。同时，我们还设计了针对新任教师的奖项，让年轻人及时看到自己的进步，让他们的进步得到及时的肯定。努力的人有了成就感和荣誉感，得到了同人的尊重，有什么比这更让人愉快的？更让我惊喜的是，评选出来的优秀教师及获进步奖的年轻教师，在学科组乃至全体教职工中产生了“头雁效应”，成了大家羡慕、敬佩的榜样，他们工作的劲头更足，以身作则、率先垂范，用自己的影响力感染着同科组教师共同奋斗，一起提高教育教学的质量，从而促进了学校的迅速发展。

此后每当与老师们谈起北海市实验学校的年终考评时，大家都留恋不已。很多人的小纸条也许都不见了，但那段温暖的回忆存于脑海，“以人为本，重在发展”的管理理念根植于心。

每个人都不同，每个人都有被肯定的需要，扬长才能避短。根据美国心理学家亚伯拉罕·马斯洛的需求层次理论，人的需求分为五个层次，其中第四、五层次的需求是尊重需求及自我实现需求。学校是知识分子云集的地方，受尊重、被需要，是能够激发教师的内在驱动力的。小纸条策略正是运用了这一原理。小纸条让老师们得到同行的认可和欣赏，评价以表扬为主、建议为辅，就是充分肯定老师在日常工作中的优点，让埋头于日常工作的老师们感受到自己原来在同事的眼里还有那么多的优点。小纸条让老师们得到尊重，以无记名的形式评价，让老师们畅所欲言，在纸条上老师们也能看到自己的不足和其他老师对自己的希望，这样既达到指出问题的目的，又保护了老师们的自尊心。小纸条引导老师着眼于未来，帮助老师更清晰地认识自己和彼此，让老师们切实感受到了人文关怀，为他们营造了宽松民主的表达环境，让他们相互得到最大程度的情感和能量的流动。撬动教师发展的积极性，是学校发展、师生共赢的动力所在。小纸条，带给了教师心理认同感，带给了教师成就感、满足感，也指出了教师们努力的方向，使教师生出了工作的激情并不断实现自我超越。

难忘的打架事件

2012 年中考，北海三中作为北海市传统的中考考点，一切依照市教育局招生考试院的安排组织学生参加考试，因为那一年正值我儿子参加中考，为了避嫌没有安排我做三中考点的主考。6 月 24 日和 25 日三中考点一切顺利。难得轻松的我 26 日早上与初三的班主任老师们在考场外闲聊，却突然接到主考领导的电话，说北海三中的学生在考场打了福成一中的学生，现在市教育局的副局长、招生考试院的领导和派出所的民警正在处理这件事情。我一听脑袋就炸了，怎么会在这个时候打架呢？校长就是救护车，就是灭火器。于是，我心急火燎，满心恨铁不成钢地赶回学校，原本轻松愉悦的心情也一扫无遗。当我急匆匆赶到学校时，五个打架的孩子已经被集中在综合楼一楼的化学实验室里，派出所的车也等候在外面。化学实验室里三中书记（本次考试的主考）和政教主任正在与五个孩子谈话。实验室外面聚集了一堆人，其中包括教育局的领导、招生考试院的领导、福成一中的领导等。

作为北海市的中考考点，北海三中除了本校的学生在这里考试外，还承接了其他学校的考生。26 日早上考的是英语，所以 8:30 所有考生都必须进入教室。在开考后半个小时，主考接到福成一中的投诉，说福成一中有个学生因为被三中的几个学生殴打，不敢进考场考试，现在家长带着一群人要来找三中的学生说理。经调查，打架发生在 8:10 左右，三中的五个孩子在教学楼一楼的男厕打了福成一中的七八个学生。打完之后，五个孩子又回到教室继续考试，而福成一中其中的一名学生因为害怕就悄悄回到酒店没有参加考试。福成一中的老师在检查人数时发现这个学生没参加考试，追问下他才说出被打的事情。事发之后，福成一中的学生很是生气，福成一中的领导和老师也都义愤填膺。而三中的五个孩子既没有悔改的意思，也不对自己的行为做解释，一副无所谓的态度。面对这种局面，我首先严厉地批评了他们，告诉他们动手打架的严重性，然后平缓下情绪，和颜悦色地询问他们动手打架的原因。几个刚才还桀骜不驯的孩子，一下子眼圈就红了。

作为教育者，我们不应该停留在教育事件的表面，更应该走进学生的内心，了解教育事件的内在原因，这样教育才能达到效果。于是，我安抚好外面的人，支开了其他人，一个人走进教室。没有严声厉喝，也不再苛责，只是默默地看着他们，如同看着自己犯了错误的孩子。我轻声地问他们“为什么要打架?”他们只是摇头但不愿出声。于是我又从学校声誉的角度循循善诱，阐释了这件事情对学校的不良影响。最后，因为我的温和诚恳，他们放下戒备的心，开始反思自身的行为。原来打架是因为福成一中的一群学生每天考试前都会聚集在教学楼一楼的男厕所里抽烟，而三中的校规里明确规定：学校是无烟学校，学生不允许在学校抽烟。面对同学们的反复规劝，福成一中的学生依旧我行我素，所以孩子们决定以武力的方式来解决问题。我一听，不觉心里有些惊讶也有些感动，暂且不管打人的方式是否得当，但至少可以肯定，他们是有集体荣誉感和正义感的孩子。如果没有荣誉感，他们不会对别人在校园的违规有反应；如果没有责任感，他们也不会在这个时候站出来指责外校学生的错误。尽管方式很不对，但是他们的出发点是好的。在事件处理方式上，我批评了他们不理智，但在情感上，我肯定了他们的集体荣誉感。

在这个打架事件的后续处理中，我及时向相关领导汇报了孩子动手的真实原因，帮助孩子认识到在中考这个重要时刻没有控制好自己情绪造成的后果，引导他们做出了深刻的反思和诚恳的道歉。当然，因为这件事，“三中的孩子就是爱打架”的社会印象还是存在，但是我反而并不那么在意了。因为我看到了孩子的转变，他们打架的原因从个人的好斗逞能到维护集体的规矩和形象，他们心里树立的正念日益增多，这难道不是平日里润物细无声的教育带来的积极影响吗？

这件事也使我思考很多：处在青春期的少年，总会因为各种原因犯些大大小小的错误，教育工作者一定要走进学生的心里，了解他们，理解他们的想法，帮助他们找出犯错误的原因，在理解的基础上顺势教育，积极引导，才易取得较好的效果。“理解”“信任”是每一个青春期的少年特别期望从老师和家长那里得到的礼物，也是每一个教育者面对孩子的成长所应持有的坚定态度。

给自己降级

给自己降级并不是刻意为之，而是北海三中岗位设置方案出台风波导致的结果。故事的起因是这样的，学校的岗位设置方案和绩效工资发放方案的制订是学校老师最关心的两个制度，它们直接关系到每一位教职员工的切身利益。按照学校最初的分工，校长负责学校绩效工资的发放方案，书记负责岗位设置的方案。

2010 年，北海三中开始着手推进岗位设置工作。在书记的主持下，一切按照规定的程序有条不紊地进行。经过近半年的努力，2011 年 4 月，终于在北海市教育局规定的各学校交稿截止日期的前一天完成所有规定动作，准备在最后一天将教代会通过的《北海市第三中学岗位设置方案》上交，之后便可以暂时松一口气。

那是一个星期五的上午，大约 11:00，没有最后一节课的老师若没有重要事情是可以离开学校的，通常我会利用这个时间在办公室里处理一些文件。这天也一切如常，办公室主任来到我面前说：“校长，这里有一封老师写给您的联名信。”“联名信？又有什么事情？怎么需要联名呢？有事为什么不直接找我呢？”

北海三中的老教师比较多，老教师普遍比较有自己的想法。我刚去学校时，校内的干群关系不是特别和谐，老师对学校管理层有一定的抵触心理。这一下子让我想起第一年碰到的两件事情，一件是2010年4月我刚到北海三中没多久，局相关部门就要求我调查一封信的情况。那是北海三中老师写给市领导的一封匿名信，信的主要内容是反映北海三中从领导到学校管理的十大方面的问题，认为学校管理存在不公平现象。市教育局相关部门要求我就这封信中反映的问题进行调查了解。第二件事情是，在2010年末市教育局到各个学校，对各学校的校级领导及班子进行年末考评，北海三中校领导的最后得分在全市各学校校领导的排名中十分靠后，我的分数自然也不理想。而我在北海市实验学校时一直是名列前茅。来到北海三中，就个人而言感觉更操心、更辛苦，结果却是这样，实在让我感受到这所学校情况的复杂。

老师们能够把信交给我，而不是直接交给上级部门，应该说对学校还是信任的，于是我立马把信拆开。原来是由一名姓黄的老教师牵头写、有四十多位教师联合签名的信，签名的教师绝大多数是一线教师，反映的问题是已经通过的《北海市第三中学岗位设置方案》存在不合理之处，袒护领导层。

岗位设置工作一直是书记在主抓，从方案初稿的出台，到教师的讨论，到教代会的通过都是严格按照程序完成的，而今天已经是上级部门要求交稿的最后一天，我作为校长是该管还是不该管？如果管该怎么管？

岗位设置工作是北海市事业单位改革的一个新举措，是新生事物，为了做好这个工作，市教育局多次组织相关人员学习政策，并到其他地市参观学习，最后能够出台《北海市第三中学岗位设置方案》已属不易。由于是书记在具体负责，所以我对这块工作就没有干涉太多，对具体情况了解得不是很清楚。于是，我主动与书记沟通，将信交给书记看，原来矛盾主要是出在教龄分和管理分方面。现行岗位设置方案中教龄分是一年0.1分，管理分则是一年0.2至0.9分不等，他们认为管理分偏大，对管理层的领导有利，但对一线教师不利，是偏袒学校管理者，希望将教龄分提高到 1 分。这对于担任中层以上领导但是不兼课的老师显然是不利的。

这是教师对管理层发出的声音。后来，有的领导甚至直言这是教师对学校领导的挑衅，是向学校示威，既然岗位设置方案在教代会已经通过，就是合法的，教代会期间不提出异议，现在才提出，已超出有效时间，可以不予以理睬。

岗位设置方案直接影响到每一位教职员工的切身利益，方案的公正与否关系到学校未来的发展，是学校管理基础性的工作。现在老师们对这个方案有异议，而且人数超过全校总人数的 1/4，说明大家对这个方案有争议。如果不管，直接按原计划执行必然再次埋下不信任的隐患，干群关系会更加紧张，会影响广大教师的工作积极性。作为管理层，应该倾听老师们的声音，坦然面对老师们的争议，勇于直面问题，在解决问题中推进学校的工作。

经与书记沟通，为了听到更多的声音，也为了让广大教师理解学校的决策，我们决定召开教职工代表大会的扩大会议，议题是重新讨论《北海市第三中学岗位设置方案》。我首先让办公室向市教育局请求推迟上交岗位设置方案的时间，然后通知全体教职员工第二天上午 8:00 回学校开北海三中教代会扩大会议，大家一起商议岗位设置方案。

为了平息这个小风波，北海三中全校教职员工一个不差地全都早早来到学校，竟然没有一个人迟到，看来许多老师都知道了老师联名写信的事情，大家好奇这位新校长会怎么处理这个烫手的山芋。一到学校，我就感觉到了火药味。

会议按惯例由工会主席主持，他将我们已经通过的岗位设置方案又解释了一遍，可是不一会儿主席就招架不住了。老师们议论纷纷，按照这个状况要想通过表决看来是有难度的。这时身为校长的我站了起来做了回应。校长就是要在最关键的时候维持大局，于是我拿起话筒做起了主持人。既然老师们对已经通过的岗位设置方案有意见，我们再怎么解释看来都是没有办法让老师心服的，强制的管理不是我的风格，管人一定要管心，要赢得老师的信任。

于是我心平气和地将昨天收到信件，今天为什么要开这个会，向全体教职员工一一解释。我相信只要校长态度诚恳，没有私心，一切为了学校的发展，老师们是一定会理解的，我也相信老师们内心都是希望学校越办越好，虽然有时会有牢骚话，但内心一定是有公心的。我没有坚持把已经通过的岗位设置方案保留下来，而是态度诚恳地希望大家从学校大局的角度，从解决问题的角度，少一些牢骚，多一些建议，一起来进一步完善北海三中岗位设置方案。我请大家提出修改意见，并讲明理由，最后由全校老师一起投票表决。

老师们看到校长态度很诚恳，也就开始畅所欲言，有的老师平时不太爱说话，但是此时也主动上台发表意见，有时甚至声泪俱下，存在不同意见的老师还当场辩论起来，整个会场已不再是学校领导的一言堂，而是真正成为老师们说话的地方。我静静地听着老师们的意见，把老师们的观点一一板书在黑板上，我感觉自己又回到了课堂，一个 160 多人的大课堂，我似乎正在与同学们上一节班会课，正在就一个问题进行辩论表决。当所有观点都列举出来之后，我让大家以无记名的形式投票。最后，经过整整 3 个小时的讨论，形成了以最高票通过的新的《北海市第三中学岗位设置方案》。修改后的岗位设置方案教龄分由原来的 0.1 分改为 1 分。

会议结束后，我回到办公室坐下来时，才感觉到自己虚脱般的累。但想到老师们离开会场时的那份安静，没有了早上刚来时的火药味，我的内心十分欣慰。有老师说，今天真有主人翁的感觉。正当我在为自己能够妥善处理好这次联名事件而沾沾自喜时，一个老师来到我办公室对我说："校长，你知道吗？按照旧的岗位设置方案你是可以拿六级工资的，但是按照现在新的岗位设置方案你只能拿七级的工资，而且还没有名分。"我哈哈笑笑："忙碌了一个上午，原来自己成了不得利者。"其实从一开始我就没有太关注自己能拿多少级工资，所以也不太在意少拿工资的事。我更关心的是怎样通过制定一个公平公正的制度，来最大限度地调动广大三中人的工作积极性。如果这次连校长都只拿到不高的工资，老师们还有什么借口不好好工作，老师们还有什么理由不相信学校？因为这场风波，我赢得了三中老师的好感和信任，这为后期开展工作打下了良好的基础。

在整个讨论的过程中，我了解到利益受最大影响的是总务主任邱主任，邱主任在北海三中担任了20多年的总务主任，由于工作繁杂，多年没有上课，按照第一次的岗位设置方案，他的分数排在全校第一，但是按照新的岗位设置方案他只排在了第三。他是岗位设置方案执行后第一个退休的老师，而同年退休的还有两个，其中邱主任是6月退休，另一位老工会主席张主席是8月退休，牵头写联名信的黄老师是10月退休。北海三中只有2个五级名额，按照新的岗位设置方案，邱主任因为分数排第三只能拿六级工资退休。六级退休比五级退休，拿到的工资少许多，对于担任20多年学校总务主任，而且工作兢兢业业的邱主任，只是因为没有上课就比普通老师的分数还低，许多老师都报以同情之心，邱主任也因为此事一直郁郁寡欢。

制度是硬性指标，可是执行过程是可以具有人文性的。于是我主动找黄老师聊，希望他在首聘时能够主动让出五级，让邱主任先聘五级，等邱主任退休后，学校再将空缺的五级及时补给黄老师，这样就能够让邱主任和黄老师都拿五级的工资退休。黄老师担心政策会有变，或者办理手续衔接不上，会影响他晋升五级的问题，为了消除黄老师的担心，我又到市教育局、市人社局咨询，经过反复做思想工作，黄老师终于同意主动让出五级，由邱主任先晋升五级，待邱主任退休后，黄老师再晋升五级。那一年三个退休的老教师都如愿地以五级工资退休，北海三中的老师也因为这一谦让行为而对学校更加充满了信心。

北海三中岗位设置的首聘方案在一波三折中顺利完成，虽然因此我的岗位工资降级了，但是能够感到老师对我的信任增加了，对学校的信心提升了，老师的工作积极性提高了。这也给我带来了很多思考。

校长不但要重视制度的建立，而且要力求公平。制度是保证学校发展的基础。公平的制度能够有效调动广大教职员工的工作积极性，对学校的发展具有良好的导向作用。制度制定和产生的过程，其实就是管理层与老师们对话的过程，就是思想统一的过程。在制度的制定过程中，校长一定要多方了解情况，多倾听老师们的声音，从学校发展的大局出发，确保公平公正。

制度是规矩，没有规矩不成方圆。但是针对具有特殊性的个性化问题则要慎重行事，千万不要一刀切，要具体问题具体分析，从人文关怀的角度灵活处理。在我的协调下，黄老师的谦让之举、邱主任的如愿退休，让老师们看到了校长的人文关怀，让老师们感觉到校长是关心、关注每一位教师的。谦让之举也让更多临近退休的老师看到了希望，赢得学校老教师的认可和赞赏。校长心里要有老师，老师心里才会有学生，这样的学校才有温度，而有温度的学校才像一个大家庭，一个温暖和谐大家庭的教育氛围才是最佳的。

要成为一名好校长不仅需要智慧，也需要牺牲。在整个过程中，我完全没有考虑自己最后能拿多少级的工资，而是一心想着怎样建立更公平、让大多数人满意的制度，怎样有利于学校的发展。心底无私天地宽，虽然我的岗位工资降级了，但是我赢得了老师们对我的信任，我认为这份信任是金钱无法比拟的，这份信任是无价的。

校长生涯中的难忘事件

北海市第三中学　梁世杰

尊重也是一种管理

学校工作犹如一盘棋，每位教职工都在不同的位置发挥着作用。工作不分高低贵贱，每一个岗位都不能忽视，即使是一颗不起眼的螺丝钉也在发挥其作用。老教师有老教师的丰富经验，年轻人有年轻人的蓬勃朝气。中考科目老师可以带领学生冲刺考试高峰，非中考科目老师同样可以挖掘出学生的潜能，培养学生的综合素质。清洁工和保安人员也是保持校园整洁、维护校园安全不可或缺的力量。一般情况下，学校有了规章制度，按部就班，各司其职，教育教学工作就能正常开展了。但是把工作做到最好，既是一个挑战，也是一种境界。作为一校之长，我思考得最多的是，如何调动全体教职员工的积极性。冷冰冰的规章制度，虽然可以治人，但未必能够治心。因此，在学校创设一个充满关怀和相互尊重的温暖环境，就显得尤其重要。

去年下半年，学校一位安全协管员生重病住院了。关于学校是否去医院探望慰问，有的班子成员认为，他只是一个临时工，能为他保留工作岗位就很人道了，不应该享有老师的待遇。我说服班子成员，统一认识：只要是我们这个大家庭的成员，不管他是挑重担的骨干老师，还是一个扫地的阿姨，我们都要一视同仁。在人格上，我们大家都是平等的。一个保安的工资只有 1 200 块钱，对这样低收入的弱势群体，在他们最困难的时候，我们更要伸出援手。于是我安排工会主席组织工会委员前往医院探望，并且向上级部门为这位安全协管员申请到了一笔医疗补助，这位安全协管员的家人被感动得热泪盈眶。事后，老师们对学校的这个举措纷纷点赞。这件事让我感觉到，以人为本，尊重这个集体中的每一个个体，是多么的重要。

有位年轻班主任，管理班级非常优秀。年终评优时，却因班上一个学生在校外参与了打架事件而被否决。年轻老师想不通，带着满腹委屈到我办公室申诉。面对这位老师的大声质疑，我没有对她进行批评，也没有对她进行训斥，而是平等地和她进行沟通，以一个从教 20 多年前辈的身份，跟她推心置腹地交流做班主任的心得体会，还谈到应该如何看待名利等问题。最后，这个老师终于意识到了自己工作上的失误，没有做到防患于未然，没有教育学生怎样正确理解所谓的“义气”。谈话结束后，这个老师破涕为笑，由衷地说：“校长，我原本是来讨公道的，没想到却学到了更多宝贵的经验!”

我想，这位老师失去的是一个优秀班主任的荣誉，但是收获的却是成长的宝贵经验。这个事例让我思绪万千：为了提高学校的管理效率，一些规章制度是必须遵守的。但是具体执行过程中，总会遇到一些特殊情况。处理好这些问题，确实需要技巧。试想，如果我拒绝倾听，拒绝沟通，只拿制度去压制教师，恐怕会让一位热血青年教师寒心。

坐在领导的位置，我也明白权力确实是一把双刃剑。把握得好，可以锋利无比、所向披靡。把握不好，也可能会适得其反。政令畅通、令行禁止，是每位领导者所期盼的。另外两件小事情让我对这个问题有了新认识。

其一，学校教师办公室的电灯、风扇和空调经常有人走后忘记关。总务处也三番五次把办公室管理制度张贴到每个老师的办公桌上，但是老师们仍然常常忘记。后来我建议总务处改变一下方式，用温馨提示的纸条提醒老师下班后别忘了关电灯、风扇和空调。后来检查发现，成效明显，老师们养成了下班关掉电灯、风扇、空调的良好习惯。我在思考，是不是老师对各种制度和职责的东西产生了一种本能的抵触，相反，对一张写有温馨提示的小纸条却下意识地感到十分温暖？制度变成一纸温馨提示，可将老师们从紧张的工作状态拉回到家庭式的温暖中。试想一下，谁会在自己家里墙壁上张贴一份关电灯、风扇和空调的规章制度？当把制度委婉地换成提示之后，责任还是原来的责任，但是性质却由强制变成了自觉。老师们就是办公室的主人，一句温馨提示将被动者变为主动者。人对制度本能的抵触心理消失了。“别人要我做的事”变成了“我乐意做而且很容易做到的事”。

其二，学校每学期都要召开两次以上家长会，由于我校学生家长大多是小商小贩或是进城务工农民，每次家长会都有50%左右的家长不到位，这极大影响了家长会的质量。我冥思苦想，原因是多方面的，学校方面也存在问题，家长方面也有其苦衷。最后，我决定从细微处着手，把“家长会通知书”改为“家长会邀请函”，将一张白颜色的家长会通知换成一张粉红色的家长会邀请函之后，到会的家长人数超过了以往参会的人数，可以说基本到齐。邀请函跟通知的区别在于，前者把家长放在贵客的位置，他们是被学校诚恳邀请的对象。无形之中，家长变成了教育的主体，家长来开会的目的是与老师一起共同探讨教育孩子的方法。人的尊严一旦被放大、被重视，有时候是可以发挥意想不到的作用的。

看似简单平常的几件小事，却让我更加深刻地体会到尊重在学校管理中具有多么重要的意义。俗话说：治大国如烹小鲜。管理一所学校，又何尝不是如此？管理的方法有很多，一套套行之有效的规章制度自然是一个学校正常运转的有力保障。但是细节也可以决定成败。应该从细微处去改善管理，以人为本，关注这个集体中的每一个个体，关注人的心灵深处的呼声。管理是一门学问，更是一门艺术。我认为，尊重也是一种管理。无论是尊重一个没有编制的保安，还是尊重一位年轻的班主任，无论是一个简单的温馨提示，还是一份粉红色的家长会邀请函，无不透着一份尊重，无不传递着一份温暖和体贴。

学生坠楼身亡之后

2015年9月7日，星期一，原本是一个极其普通的日子。对于一个学校管理者来说，也是一个相对轻松的日子。因为经过一周的忙碌之后，新学期的工作步入正轨，且开始稳步前行了。那天我的工作日程安排是出席兄弟学校——北师大北海附属中学正式启用的剪彩活动。然而，就在那一天的清晨6点50分，初二年级一位班主任打来电话：校长！校长！我们班上一位男生昨晚在家里轻生了。霎时间，我的脑海里呈现出一组这样的镜头：十几个或者几十个双手举着巨型横幅的轻生学生的亲属，还有越来越多的拿着手机进行现场拍摄的围观群众，或许很快还有闻风而来的各路媒体记者。或许不要多久，网络媒体的负面报道就会铺天盖地而来……随着这个虚幻的场景越来越清晰化，我的慌乱情绪戛然而止，我很快回到了现实之中。

作为学校的校长，我必须在最快的时间里对眼前的突发事件做出果断应对。我深知，这人命关天的大事，一旦处理不慎就会造成意想不到的严重后果。冷静下来的我在快速整理应对思路。

紧接着我打电话给局领导报告了学生在家坠楼身亡这一事实。局长指示：学校要做好家长的安抚工作，协助家长做好善后工作，对事故可能产生的影响进行分析研判，采取有力措施，确保校园安全、师生平安和教学秩序井然。放下电话，我立即安排一个副校长去学生家里安抚慰问其家属。同时，我又安排人员到教室封存保管学生教室里的所有遗物。7点20分，我紧急主持召开班子成员会议，启动应急预案，成立四个工作小组，分头开展工作。

成立事故调查组，由曹副校长担任组长。他们的任务是进行全方位的调查，了解事故真相，调查事故发生前的老师动态、学生校内外动态以及可能有关联的一切信息。了解该学生在校期间的表现，尤其是新学期的表现。了解该学生是否与老师或同学发生过冲突，班主任是否有侮辱、体罚学生的言行等情况。请求警方立即介入勘查现场——学生家里以及周边环境。

成立接待组，由李副校长担任组长。负责接待轻生学生家属以及相关人员，倾听他们的诉求，用最大的诚意安抚轻生学生家长的情绪。

成立舆情监控小组，由信息处主任任组长。负责关注舆论动态。在没有明确事实真相的情况下，预防或阻止媒体的不实报道，以免给教育系统带来负面影响，影响社会稳定。

成立安全保卫组，由杨副校长担任组长。确保全校师生的人身安全，确保学校教学秩序正常。护校队严格把好校门这一防线，避免不明事理的闲杂人员闯入校园寻衅闹事。与辖区派出所保持密切联系，以便应对突发状况。

布置妥当之后，我乏力地坐在会议室凳子上，呆望着天花板出神。虽然此刻我还并不清楚那个可怜孩子的面容，但是一个昨天还鲜活着的生命说没就没了，我的内心甚是沉痛。我为这个不幸的孩子祈祷，希望他在天堂再也没有烦恼和忧愁；我为这个家庭祈祷，希望他们能够尽快走出丧子之痛；我为学校的孩子们祈祷，希望他们能够珍爱生命、健康成长；我为学校兢兢业业的老师们祈祷，希望他们在教书育人的岗位上谨慎行事，没有伤害孩子心灵的过激言行。

经过了一个早上的忙碌，我才想起应该马上去抚慰一下那个惊恐无助的班主任罗老师了。这是一个性格一贯内向的中年老师。罗老师虽然敬业，但是不太善于与人沟通和交流。我非常担心会不会是罗老师有什么过火的言行刺激了那个孩子，酿成了这一悲剧。如果真是这样的话，这个老师的人生势必从此被逆转。她那瘦弱的身躯又如何能够站在舆论的风口浪尖来抵挡这场暴风骤雨？一股悲悯之情油然而生，我旋即让周书记去跟罗老师谈话，通知教务主任和政教主任安排人员接手罗老师的教学任务以及班主任工作。

经过调查，曹副校长初步了解到，该学生是在 9 月 7 日凌晨 3 点多坠楼身亡。家长反映是因为老师布置的作业没有完成。因为 9 月 6 日晚上 7 点班主任打过电话给家长，要求家长提醒、监督学生完成作业。家长出示了电话记录。

班主任罗老师也说，9 月 6 日她利用第七节班会课对暑假作业情况进行了小结，对不完成作业的六位同学在班上进行了通报，并且要求其家长督促学生完成补做暑假作业的任务。晚上还分别与六位同学的家长通了电话，其中也包括出事孩子的家长。

这样看来，关于暑假作业的情况属实。但是这跟孩子的坠楼身亡是否有必然的联系呢？事件扑朔迷离。老师严格要求学生完成作业，并且希望得到家长的配合，是教育教学中最司空见惯的事情，根本不足以作为孩子轻生的理由。何况学生没有留下遗书。简单地把责任归于老师，肯定是有失公允的。

通过走访调查，我们还进一步了解到轻生学生家庭的一些隐私。该生是来自我市合浦县的借读生。其父母均不在北海，且长期感情不和，虽未离婚，但已分居多年，各自有了自己的临时小家庭，婚姻已经名存实亡。兄弟俩都随外婆住在北海的某小区，其父母每月各出500元生活费给外婆。每次家长会都是母亲来参加，因而班主任对学生的这一特殊情况并不知情。而且该生在班上表现一向良好，跟班上同学相处和谐，班上活动他都能够积极参加。总体上看，孩子阳光友善。不太可能仅仅因为作业的事情而轻生。

家长方面却坚持认为是老师的过错造成了孩子身亡，提出了让学校承担责任的诉求。为了稳定家长的情绪，我们除了安慰家长之外，对他们的诉求暂时不置可否。

一方面，我们秉承客观的态度对事故的原因继续进行调查。另一方面，我们联系了公安部门，请来法医进行了医学鉴定。联系殡仪馆对尸体进行简单的处置。

同时，我们对孩子的遗物进行了仔细检查，终于找到了一条重要的线索，这对整个事件的分析起到了很大的作用。

那是轻生孩子平时的一个日记本。这个日记本几乎就是这个孩子唯一重要的生命密码。原来这个孩子早就在日记里流露出了严重的悲观厌世情绪。这种苦闷情绪不是一天两天形成的。从孩子日记里的一些细节可以看出，初一的时候他就陷入了一场情感的困惑之中。他喜欢上了隔壁班的一个女孩。每天都会有意无意地走到隔壁班门外或窗外，为的就是能够看她一眼。有一次在青少年活动中心的年级集体活动时，他幸运地跟隔壁班那个女孩分在同一个组，兴奋得难以言表。互动环节中，他无意轻轻地触碰到了女孩的手臂，心跳就莫名地加速。他非常陶醉于那次活动，因为那是他唯一一次那么近距离地跟这个女孩接触。但是，他是一个很羞涩、腼腆的男孩，虽然已经着了魔一样地爱着那个女孩，他却从未向对方表白过。正是因为他感情的内敛和行为的毫不张扬，他的这场暗恋无人知晓。爱得越强烈，他的自卑心理越发不可遏制。或许因为他来自农村，或许因为他家庭的缺陷，总之他在日记中流露出了深深的自卑情绪。他非常羡慕那些父母恩爱、家庭和睦的同学。他甚至表示，他走后，希望那个女孩能够找到一个比他更好的男孩。他也很爱这个班集体的同学们。在他的类似遗书的日记里写道：本来可以选择暑假结束自己的生命，但是为了跟同学们有告别的机会，他还是在新学期开学时来到了学校。日记本里，时而非常清晰地记载着他情感世界的点点滴滴，时而是一片涂涂改改混乱潦草的字迹。可以想象，在有了自杀的念头之后，这个孩子的内心经受了多么巨大的煎熬。从他对这个女孩的祝福里，从他来跟同学们告别的话语里，我们看得出来，这是一个多么善良而深情的少年。一个情窦初开的初二少年，爱上了隔壁班的女孩，却因为自己父母不和、家庭不睦而强烈自卑着，既想天天看一眼心爱的女孩，又不能声张、不敢靠近、不敢表白。甚至在告别这个世界之前还在诚挚地祝福自己深爱的女孩。这是一个多么悲情的少年之烦恼！在他走后，这个班上还一直保留着他的课桌椅。每次班上调整座位时，同学们都默默地把他的课桌椅搬到相应的位置。学校担心班主任罗老师的心理阴影仍没散去，也及时调换了她的工作。

9月8日，当我们把那个沉甸甸的日记本交给家长之后，家长陷入了沉默。我们似乎可以感受到来自这对父母心灵深处的强烈愧疚和深深自责。因为自从拿到孩子的日记本之后，他们就再也没有说一句指责老师和学校的话。事实已经很明白，孩子的死不是因为老师批评他没有完成作业，而是因为他早就陷入了对生命的疑惑和困扰，对家庭对父母的失望之情导致了孩子的自卑心理，由于强烈的自卑致使孩子有爱不能表达、不敢表达，以致有了轻生的举动。9 月 8 日下午，家长终于同意将孩子尸体火化。

几天的调查取证，各种走访了解，终于让孩子坠楼事件真相大白。给了家庭一个交代，给了学校一个交代，给了社会一个交代。但是唯一无法交代的是这个已经撒手人寰的少年。如果有谁可以在孩子开始产生自卑心理的时候进行疏导，如果有谁可以在孩子陷入情网的时候进行正确引导，如果孩子可以幸福地生活在父母身边，朝夕感受父母的温情，日夜聆听父母的教诲，那么，这个孩子何至于内心那么孤单无助！事后，我们来到了孩子哥哥所在的高中，希望哥哥的学校关注他的成长。他哥哥说的一句话让我们深有感触，他说："弟弟他怎么就没有挺过来！"看来处在那样一个环境里，这个哥哥可能也曾经有过跟弟弟一样的困惑和挣扎吧。

几天的煎熬下来，我的人生第一次经历了一夜白头的焦虑和痛楚。新学期伊始，又临近教师节的到来，处理好这件事意义重大，也是对我们管理者能力和执行力的一次严峻考验。从为人父母的角度，我对去世的孩子深表遗憾和痛心，我不能允许我的同事有半点伤害家长感情的言行以致让家长的心情雪上加霜，让事态朝着不好的方向发展。从管理者的角度，我对学校发生这样人命关天的大事深表忧虑。既不能任凭家长给学校带来严重干扰，也不能对事态处置有失公允。作为一校之长，我确实责任重大。尽管孩子的日记本是打开他自杀之谜的密码，它使一场暴风骤雨瞬间化为乌有，逝去的少年也已入土为安，但是我的心情仍然久久不能平静。

这件事情已经过去了两年多时间，我也因在同一岗位任职过长交流到另一所学校担任校长了。但这件事情对我来说是刻骨铭心、难以释怀的。回味这件事情时，一种莫名的心痛和心酸总会涌上心头，给我管理学校的启示和教训。

第一，加强生命教育，关注学生健康发展。初中学生正值青春期，道德观念模糊和道德自律弱化，敬畏生命、尊重生命意识不强，自杀、自残、吸毒、侮辱与侵害他人生命的行为频发多发，给我们教育工作者带来了严峻挑战和深刻反思。青少年是国家的希望、民族的未来，青少年的生命关乎民族的前途和命运，开展生命教育是提升国民素质的根本要求，是学校不可推卸的责任，更是校长管理学校的重要任务。因此，学校要改变一味追求升学率的倾向和做法，积极引导学生掌握生命知识和生命保护技能，正确认识生命的真谛和意义，珍爱生命，善待生命，树立正确的人生观、价值观和世界观。学校教育不可偏废生命教育，应把生命教育纳入学校课程体系。学科教学要挖掘生命教育因素，实施生命教育渗透，开展丰富多彩的生命教育主题活动，让校园里每一位学生的生命都是健康的、鲜活的、丰满的。

第二，加强心理健康教育，促进学生心理素质的提高，不断增强学生调控自我、承受挫折、适应环境的能力。当前，社会变革对学校教育的冲击和挑战可谓前所未有、无处不在。有关调查表明，我国中小学生中有20%左右都有不同程度的心理问题，厌学、逃学、说谎、自私、耐挫能力差、攻击性强、焦虑、抑郁、厌世等心理行为问题严重影响青少年学生的健康发展，也给学校教学工作和安全管理带来巨大的困扰。现实中，为了追求升学率和办学业绩，大多数校长对学生的心理问题没有足够的重视，忽视学生的心理发展和心理需求。我原所在的学校虽然按上级要求设立了心理教育功能室，配备了心理健康教育教师，但未能正常开展心理健康教育活动，心理教育功能室形同虚设，有时还把心理健康教育教师作为机动教师看待，有教师请事假或病假时都叫心理健康教师去代课，心理健康教师在学校干的是“副业”而不是“主业”。我原所在的学校发生的这起学生轻生事故，是由多种原因造成的：学生的性格、家庭也存在很大的问题，学校忽视了心理健康教育也是原因之一，教训极为深刻。该生耐挫能力差，对人生感到失望，存在极端心理问题。他选择自杀并非没有征兆，如果老师能及早发现他有深层次的心理问题，及时给予心理干预和疏导，悲剧也许不会发生。这件事情让我深刻体会到在学校开展心理健康教育的重要性。

第三，快速反应，及时应对，措施得力，妥善处理突发事件。突发事件是对校长领导力和能力的考验，校长在日常学校管理中无法避免地要面对一些突发事件，对突发事件的应对能力和水平最能体现校长的领导力和执行力。如果校长对突发事件处理得当，就会化解矛盾，甚至能使其成为进一步完善学校管理工作的良好契机。反之，则可能会造成社会不良影响，损坏学校声誉。面对突发事件，校长一是要临危不乱、沉着冷静、科学判断。第一时间向上级领导报告，请求上级领导指示和指导。另外，校长是学校的主心骨，遇到突发事件要立即启动应急预案，迅速召开学校应急工作领导小组会议，共商措施和策略。二是要收集信息，尽快明确突发事件的原因，以便对症下药，提出解决突发事件的对策。突发事件发生后，校长一边要采取措施控制事态发展，一边要采取公开调查和隐蔽调查的方法，收集并掌握有关事件缘由和情况的信息。同时要对事件进行分析、研判，用底线思维的方式看待事态的发展。三是要制定具体的解决方案和措施，调动一切力量，齐心协力及时应对和处置突发事件。事件的性质确立之后，校长要胸有成竹，马上提出应对和处置方案，明确工作要求和方法，尤其要注重工作方法和策略，做到既巧妙灵活，又要处理合法，从而使突发事件得到妥善解决。四是要加强网络舆论监控，及时掌握社会反响和关注程度，避免负面舆论发生。五是要反思事件原因，总结经验教训。突发事件平息之后，要认真反思学校工作存在的问题，制定整改措施，举一反三，见微知著，立足防范，杜绝类似事件再次发生。

办学实践中的难忘故事

北海市华侨中学　罗琴丽

建设越南语校本课程的故事

2016年6月，华侨中学第一批越南语班学生结业了。经过越南语老师们的考核，这批越南语班的同学学习全部合格，已经能够进行基本的越南语交流了。这个成绩，让我这个越南语班的发起者感到十分的欣慰。

校本课程开发是“在学校现场发生并展开的，以国家及地方制定的课程纲要的基本精神为指导，依据学校自身的性质、特点、条件以及可利用和开发的资源，由学校自愿、自主、独立或与校外团体或个人合作开展的，旨在满足本校所有学生学习需求的一切形式的课程开发活动，是一个持续和动态的课程改进的过程。校本课程开发的目的和宗旨是满足不同学生的不同需要”①。校本课程开发是学校教育教学的一项重要任务，如何让校本课程既满足学生的需求，又具备本土的特色，是我一直思考的问题。把越南语作为校本课程，其实源于一次偶然的聊天。

记得有一天，原华侨中学学生陈文军回校探望老师，我作为他的老师，自然而然地跟他聊起了天。在聊天的过程中知道他现在是扬州市公安局的干警，而令人意想不到的是他被优先录用为外省市公安部门的干警的一个重要原因是他精通越南语。难道学会越南语真的有如此大的作用？带着疑问我专程来到南宁，到中国-东盟博览会进行考察，了解到当前社会上是政治、经济、教育等各个领域对越南语等东盟国家小语种人才的需求十分强烈。特别是我国当前正在实施“一带一路”倡议，北海作为海上丝绸之路始发港，是中国与东盟国家交流的“桥头堡”，因而以越南语为代表的小语种人才十分走俏，社会需求量大。

另外，在调研中，我还发现一些学生在生活中有时也需要使用越南语。侨港镇有相当一部分居民是从越南回国定居的，镇上40岁以上的人，

① 徐玉珍．校本课程开发：概念解读．课程·教材·教法，2001（4）．

多数都能讲一口流利的越南语，有的居民在越南还有亲戚朋友，有的居民跟越南方面有生意往来，这使得他们和孩子都需要会讲一些基本的越南语，但是镇上缺乏系统学习越南语的地方。

作为校长，我敏锐地察觉到校本课程开发可以从开设越南语课程入手，而且学生学习越南语还有一个得天独厚的优势——有一定的生活语言环境。

于是我召开学校的行政会议，学校领导们一起研究开设越南语课程的事宜。通过对师资、教材、课程时间、课程评价等问题的研究讨论，形成初步的课程设计方案。师资方面，学校决定从高校越南语专业毕业的应届或历届毕业生，以及从越南回国任教的老师这两类人才库中聘任专业老师。教材方面，由于学习语言的基础在于对语音的学习，因而选用了世界图书出版社出版、教育部第一批特色专业建设点系列教材——《标准越南语语音会话教程》。

一切准备就绪后，学校向七年级、八年级的学生发出开设越南语班的通知，让学生自愿报名。当时，我心里一直打鼓，学生会不会因为已经学了英语而不愿意再学越南语了呢？到了报名截止日期，负责征集报名的陈永胜老师拿着一叠报名表兴奋地说："越南语班共有 253 人报名。"我心中的石头顿时落了下来。但新的难题又来了，报名人数比预想的多得多，由于师资力量有限，不可能满足所有报名孩子的需求，最后经过考核筛选，我们只留下了 100 人。

根据学校的安排，2013 年学校第一个越南语班开班了。学校充分考虑了学生的兴趣爱好，因此越南语班的教学采取走班的形式，给越南语课安排固定时间、固定老师、固定授课地点，把越南语这门课列入课程表，由专业教师根据教材精心备课，并根据实际情况因材施教，不断调整教学方式、方法，以保持学生对课程学习的兴趣。学生则根据教师的要求，严格遵守学习纪律，积极参与学习互动活动，认真完成学习任务。课后，教师收集上课的活动照片、教案、课后总结等相关材料上交教研室，并在读书节、文明校园创建等校内外活动中进行成果展示。到了学期末，教师还要对学生进行考核，主要采用测试、情景对话、竞赛等多种考核方式。另外，学期末教务处通过学校评价（根据学生参与活动情况及上交的课程材料）和学生对教师的授课评价以及教师的反馈情况，对越南语课程的实施进行总结、反思，以促进该课程建设的持续发展。

四年来，越南语班教学逐渐取得一定的成效，学生及家长都反响热烈，并为自己和孩子能讲越南语而感到自豪。不少家庭与越南有着千丝万缕的关系，每逢清明节，他们都要专程回到越南祭祀祖先，所以孩子能讲越南语对他们来说是非常自豪的。另外，北海市目前在开展全域旅游城市建设，能掌握一定的越南语，对家族与越南的边贸生意也起到了一定的积极作用。

如今，华侨中学的教师、学生和家长越来越认同越南语这个校本课程了，学生的学习成绩也没有因为校本课程的开设而下降，相反，正是因为有了这个特色校本课程，他们的学习兴趣更浓厚了，学习成绩也得到了较大的提高，学校的成绩在银海区的排名也逐步上升。

在越南语课程建设过程中，作为校长的我也一直在思考如何做好校本课程建设这个问题。

首先，一定要从满足学生发展需要出发。不同地域、不同学校的学生生活环境不一样，很多时候他们有自己的独特需求，校本课程就是要着眼于满足学生的这些独特需求，这样才能更好促进学生个性化发展。

其次，建设和开发校本课程是一个专业性很强的工作，主要体现在教师的课程创生力方面。学校要开展以校为本、优质高效的师资培训，倡导教师成为课程的研究者、开发者和实施者，发掘教师自身的专业资源优势，这样才能实现双赢，既促进了校本课程建设，也促进了教师能力的发展。

最后，校本课程需要不断丰富完善。在校本课程建设过程中，仅开发一门课程是不够的，学校需要制定课程规划，根据学生发展的需要开设多元的校本课程，为学生提供更多的学习平台，挖掘学生的潜能。

名师诞生记——我和名师成长的故事

北海市华侨中学是银海区直属中学，是一所为归侨子弟设立的学校，随着城市中心南移，逐步成为一所面向社会、辐射服务周边的学校。学校地处新城区中心地带，周围居民密集。为了改善市民子女的就学环境，银海区政府提出要将学校打造成一所高品质学校的愿景，因此加大投入进行改造扩建，并配套完善相关设施，学校面貌焕然一新。与此同时，学校的软件建设也在同步推进，加强教师队伍建设成为摆在我们面前的首要问题。

要建设一所高品质的学校，就必须有名师。名师的示范、引领、辐射作用是普通老师不可比拟的。但引进名师对学校而言并不实际，我决定利用现有教师资源就地挖潜，自己打造。

我认为，一个老师符不符合名师的要求，关键是要看实际工作能力，要看是否真正具有名师的潜质。当然，我们也不能求全责备，尽管有的人可能会有这样那样的问题，但只要他有自己的教学独特之处，具备一定的潜质，经过培养，他就可以成长为名师。通过逐一了解全校的教师，一位名叫潘莉云的老师进入我的视野。潘老师爱生如子，这一直是老师和家长们众所周知的。她用母爱一般的情感帮助留守孩子郑月豪找回自我，最后他顺利考入北海中学。潘老师善于挖掘学生的闪光点，善于教会学生取长补短，争取家长支持。对于这一点，归侨子弟何远文深有体会。经过潘老师和家长的共同努力，何远文同学在参加 2012 年中考时，正常发挥，一举考取了北海市示范性高中。

列夫·托尔斯泰曾经说过："如果一位教师把热爱事业和热爱学生结合起来，他就是一个完美的教师。"从这一点来说，身为校长，我认为潘老师具有较高的专业能力，具备成为名师的基本条件。

接下来，我想更多更全面地考察这位潘老师。

为了检验潘老师的能力，学校安排她担任中考创新班班主任，这个班的目标是把一批学生送进示范性高中。经过潘老师的努力，她所带班级在当年中考取得了辉煌的成绩，至此，她所带的班级已经连续2次获得银海区第一名的好成绩。

从她的工作当中，我发现她有强烈的仁爱之心，工作方法上也有很多与众不同之处。于是，潘老师顺利进入学校的名师后备人才库。

就在我准备向领导班子提名潘老师时，关于她的一些负面评论传进我的耳中。比如，说她不合群，性格孤傲；说她快言快语，人际关系处理不好；说她性子急，有时会对学生发火，也会对领导发牢骚；说她为人霸道，她所取得的成绩都是靠班主任的"主场"优势，要求学生把更多精力花在她自己任教的学科上，她的教学成绩是靠时间堆起来的，是用班主任权力压出来的；等等。

这不由让我多虑起来。这样的人，适合做名师吗？我分别与学校党支部书记、副校长、处室主任、年级长等交流，他们都非常肯定这位老师的优点，也指出了她存在的一些不足。此外，我向上级学科专业的领导请教，局里的教研主任谈起潘老师连连称赞，北海市每年的地理会考出题，自治区、北海市地理专业青赛课评委都必邀请潘老师参加，有如此优秀的老师不用岂不是太浪费了？经过思考，我释然了，也许潘老师存在这样或者那样的小问题，但我认为这都不是什么太大的事情。古语云："黄金无足色，白璧有微瑕"，谁都不可能完美无缺。但为了慎重起见，我觉得还是有必要再次深入了解潘老师。

通过调阅相关资料，我发现一个令人费解的问题。表现如此优秀的潘老师多年来很少被学校评为优秀或先进。尽管根据已经了解到的情况，我不是完全没有心理准备，但还是多少有些意外。原来，评优评先的操作规程，是先民主后集中，因为人缘欠佳，单民主这关潘老师就过不了，自然无缘后续评选。

我再次思考潘老师可能存在的性格弱点，因为如果处理不好这个问题，可能会直接影响以后名师效应的发挥，好不容易培养出来的名师有其名却无其实，这是我们最不愿看到的。

这时，有人为我释疑说，潘老师在外面拿到那么多荣誉，而学校里各种评选却又似乎与她无关，这让谁都觉得心里不平衡。原来，潘老师曾获得过国家、自治区及市级不少荣誉，令人对她刮目相看。而她却在本校的评选中入不了围，自然心里郁闷，于是与同事的关系越闹越僵。大家越疏远她，她就越加郁闷。

我在校例会上提出我的想法，并把对潘老师进行名师培育的打算抛了出来。有人谈到潘老师的群体意识问题，担心她成不了引领大家的核心。这又让我多少有点意外。但我还是认为，她有成为名师的良好潜质。于是，我开始了对潘老师的“打造”计划。

首先，用心沟通，解开潘老师的心结。

我决定找潘老师单独谈心，通过沟通找到彼此对工作、对教育的理解的共同点。没想到我以“班主任”为切入点刚一开口，她似乎就知道我要说什么，接过话题表示，再有能力的人也离不开社会，离不开群体，班主任工作是个群体工程，光靠单打独斗是行不通的。我问她怎么评价自己，她若有所思，似乎答非所问：班主任的工作是否卓有成效，不仅取决于个人能力，还要看他和其他科任教师是不是同心协力、步调一致，取得好的教学效果。

潘老师主动切入正题，不紧不慢地告诉我：“作为班主任，要维护科任教师的形象，不在学生面前议论或评价科任教师的缺点，虚心听取科任教师对本班学生各方面情况的反映，有问题要主动承担责任，多做自我批评，保证科任教师能够顺利上好每一节课，还要帮助他们消除隔阂、误会和分歧。”

我问她与其他科任老师的关系，她欲言又止。但我从她的眼神中似乎读出了什么……

我心里的主意清晰而坚定起来。“玉不琢，不成器”，我认定潘老师是块难得的好玉，只是这块玉棱角多了些，有点“扎人”，但瑕不掩瑜。她爱岗敬业的精神，她对教育事业的热爱，以及“为伊消得人憔悴”、无怨无悔的品质，尤其是她骄人的成绩，足以证明她的潜质。身为校长，我决心好好培养她，让她成为学校的名师，更好地发挥光和热。

班子会上，我说明了自己对潘老师的看法，最后大家统一了思想，形成一致意见，同意将潘老师列入名师培养的人才库。

其次，以获得荣誉为抓手，让潘老师成为名副其实的“名师”。

就在我为该怎么开启“名师”战略大幕而苦寻良策时，2015 年教师节来了，我接到一份市教育局下发的文件，文件指出要在全市范围内开展“十大杰出教师”评选，当选者将获得 2 万元的重奖。这无疑是一个具有震撼效果的切入点，我高兴不已，随即召开班子会议，大家没有异议。因为时间紧迫，办公室赶紧通知潘老师准备推荐材料并及时上报，没想到她竟然拒绝了。她认为自己在教师中是推不上去的。

我有些急了。学校只有一个推荐名额，无论如何都要充分利用这一机会，设法把她推荐出去，于是我不仅跟她沟通，还找到她老公，说明机会难得、意义重大，于公于私都要积极争取。最后，在她老公的影响下，她终于同意了。

当学校将材料提交到银海区教育局后，我又立即向局长说明情况并极力推荐潘老师，请局里在条件符合的情况下给予适当关注。第二天，经区教育局班子会议研究，中学组推荐 2 人，其中就有潘老师。得知这个消息，我的心里别提有多高兴了。

接下来，到了市教育局的答辩环节，潘老师以她自己的实力征服了答辩的专家，毫无悬念地通过。

最后一轮网络投票，潘老师终于入围。

入围后的潘老师感慨万千，她说，从来没有领导这么信任她。她原来以为我们只是做些表面功夫，敷衍了事，没想到对她的事这么用心。从此以后，潘老师开始对我掏心掏肺了。她相信学校对有才能的老师的肯定与关心是真诚的、无私的。

再次，充分交心，促膝长谈。

当潘老师满载荣誉回到学校后，我与她促膝长谈，内容从她的思想理念到性格缺陷，从团队精神到行为修养，无所不包。很快，效果开始显现。

每天早晨，潘老师早早来到教室，面对学生的问候，她不再是礼节性地点点头，而是真诚地带着感激之情深深鞠躬；早读时，她嘱咐学生读英语、背语文；气温骤降、天气寒冷时，她叮嘱学生“多穿一件衣服”；赛场上，她和学生一起呐喊助威，一起欢笑，一起流泪；课余时，她与学生一起谈论世界杯；学生的困惑和疑点，她尽力热心化解；对待学生的进步，她毫不吝啬地热情肯定。为了协调好与科任教师的关系，她主动承担起需要请假、调课的老师的教学任务；哪位老师身体不适，她会主动上门去看望。

看到她与老师的关系渐渐融洽，我从心底感到欣慰。

最后，赋予重任。

该是给担子的时候了。开学前，潘老师担任了学校教研主任这个职务，弥补了学校教研薄弱环节的不足，我的预期目标达到了。开学第一天，我在教师大会上宣布这个消息，引来大家雷鸣般的掌声。潘老师开始默默忙碌起来，她带领各学科组长制定教研方案、制定工作细则；到各班级听课、评课，给老师上示范课一丝不苟，并一对一地细抠教学技巧。为了让更多的教师快速成长，她甚至还开起了《如何上好一堂课》的讲堂，传授教学经验，吸引了大批年轻教师。与此同时，一些相对年长、资历稍长、平时不怎么往来的老师，也开始渐渐主动靠近潘老师，并邀请她听课指导。

以前，潘老师的“团队”通常只是她一个人在战斗，而现在，一大帮年轻老师加入了她的团队，她带动了一群老师战斗在教学第一线，老师的教学水平普遍提升，教学效果也有了明显改善。名师效应开始在学校得到显现。

任何人都不是完美的。作为领导者，我们只有扬人之长，帮人之短，一分为二地看人，才能更好地培养名师；另外，学校要培养名师，就要为他们积极创设发展的空间，充分扬其长，关注、满足他们的合理需要，这样才能更好地成就名师，促进其个性化发展。

调动老师积极性，从绩效工资分配方案改革开始

每学期的奖励性绩效工资分配方案事关老师的切身利益和收入，一直是老师最关注的热点话题。2011 年以来，我校虽然制定了一系列的分配方案和标准，但由于过程量化不透明，总有老师对绩效工资分配不满。绩效工资拿得多的老师会说，自己一个学期下来这么辛苦，分到的绩效工资也不多，与自己的劳动付出不成正比。而绩效工资拿得少的老师也说，自己一个学期下来所做的工作并不比别人少，可为什么自己的所得和别人相比相差甚远……绩效工资的矛盾引来的利益冲突，让一些老师对绩效考评产生不满，其工作积极性也严重受挫。

由于我之前在华侨中学担任过团委书记、副校长，与老师比较熟悉，因此我担任华侨中学校长后，老师经常向我反映对现行绩效工资分配方案的不满。由于绩效工资的数额逐年上升，利益分配上的不公导致老师的呼声越来越高，有的老师甚至说："这样的分配，不但没有起到对教学促进的作用，反而挫伤了大家的积极性，还不如回到大锅饭的时代。"

我听取了教师反映的意见，仔细阅读了绩效工资分配方案，也深入地进行了思考。管理好学校，首先得管理好教师队伍，如果这个令教师怨声载道的绩效工资分配方案不能改，教师队伍就会存在不稳定因素。

说实在的，要对一项已实行多年、事关每个人利益的分配方案进行改革确实不是一件容易的事。那怎么改呢？我想，既然大家都反映之前的分配方案不够公正、公平、公开，那我就应该本着公正、公平、公开的原则

去改。如何做到公正？就是绩效工资要倾向一线教师。如何做到公平？我认为要确保教师优劳优酬、多劳多得。那如何做到公开呢？就是要对全体教师开诚布公，定期公开阶段性考评情况，考评最终结果和分配测算结果要让每个老师知晓。

首先，我成立了绩效考评改革工作组，由校领导、教师党员、职工群众中选出的代表组成工作组逐一走访，广泛收集教师的意见，集思广益，并对教师反映比较集中的意见进行排序、梳理、汇总，并将绩效工资分配方案相关政策上的问题跟老师及时沟通。同时，工作组还召集教师代表（资历深的、年轻的、不同学科的、不同处室的教师），通过头脑风暴、思维导图等方法来分析问题、寻求对策。

其次，召开学校的中层领导干部专题会议，将工作组梳理汇总的教师意见和建议进行总结，并针对教师提出的个别条款修改意见进行客观分析、研究判断。在中层领导干部充分讨论后，新的绩效工资分配方案形成初稿。

最后，将新的绩效工资分配方案分别在各年级、各学科组广泛征求意见，并根据教师的意见和建议再次修改方案，形成二稿、三稿、四稿、五稿、六稿，直到大家意见基本统一为止，形成最终送审稿。召开教代会，将送审稿交由教师代表会议再次审核和讨论通过。然后，将方案定稿贴在学校的公示栏、各年级办公室进行公示，让每个教师都知晓。

新方案里，我们对教师、管理人员和其他岗位人员的考核都有详细的规定，新绩效工资分配方案的亮点在于绩效分配向班主任和一线老师倾斜，明确要求绩效工资分配方案执行部门注重过程公开，绩效量化情况每周要在学校公示栏和各年级办公室分别公开，让每个教师都能及时看到自己在一周里的工作表现及绩效情况，以及别人的表现情况。这样一方面可以让大家对照实际情况及时查漏补缺，更正考评统计中的错漏；另一方面则让大家相互比对，相互促进，提高老师的工作能动性和积极性。

刚开始，这项改革工作确实遇到了不少阻力。一些不愿担当、工作不上心、教育观念落后、教学效果差的老师的工作表现在数周内被公之于全校师生面前，因此产生了对包括我在内的学校领导的怨气。但久而久之，他们为了扭转自己不佳的形象，也开始发生转变，工作态度逐渐转好，变得更加积极、负责，再也没有以前“老油条”的现象了，他们因此获得了同事和学生的更多尊重。后来，大家对这套方案都很认可并自觉遵守，觉得新方案是公平、公正和公开的，能够让多劳者多得、优劳者多得。有些人即使觉得自己收入比别人少，但也心服口服，毫无怨言。教师队伍的不稳定因素得以化解，队伍建设得以进一步加强。

这轮绩效工资分配改革，使学校的管理更加重视突出教师主人翁的地位，教师的问题由教师做主。公平、公正、公开的绩效工资分配拉近了领导与教师之间、党员与群众之间的距离，减少了相互间的猜疑，从而在全校营造了风清气正、真抓实干、敢于担当的良好氛围。

这次改革也给我带来了很多思考：绩效工资分配方案涉及教师利益、收入的分配，它是调动教师积极性的基础和前提。要想使绩效工资分配方案公平、合理、得到教师的认可，学校需要做到以下几点：

首先，方案的制定要重视教师的参与。有了教师的参与，才能更好体现教师的主人翁精神。作为学校的管理者，要使考核过程公开、考核结果公平，就要充分调动教师的工作积极性，广泛征求教师的意见，鼓励教师参与到方案的制定过程中，这样教师才更易领会、认同考核的意义和所要达成的目标。

其次，信息透明很重要。提高绩效工资分配方案的透明度，不但能避免学校与教师、教师与教师之间的矛盾，还有助于提升学校的民主化管理水平。要实现信息的透明，先要做到绩效工资分配方案内容的透明公开，把考核涉及的内容进行公示或提前进行讨论，还要使绩效工资分配方案的制定过程透明，考核人员也要透明。这样不仅打破了绩效工资分配方案的神秘感，还能提高工作效率，增强方案的合理性，使教师心服口服。

再次，注意绩效工资差距不能太大。绩效工资发放不合理、差距过大，势必会影响一部分教师的工作积极性。在教育教学中，教师要发扬集体主义精神，齐心协力育学生，共同努力提高教育质量，因而发放绩效工资时要考虑教师这一互助合作的特点，不要过分突出个人，如果让一部分教师拿过高的绩效工资，另一部分教师拿过低的绩效工资，那么虽然调动了一部分教师积极性，但也会影响另一部分教师的积极性。另外，教师培养学生成人成才是一个漫长的过程，在进行绩效考核时，不能以一时的考试成绩来确定绩效工资的多少，否则容易导致教师只顾眼前利益、急功近利。除此之外，绩效工资差距不宜过大，这符合绝大多数教师的愿望和要求，也是符合多数教师价值判断的。

最后，还要加强对教职工的思想政治工作。不管一个学校的制度如何完善、执行过程如何严格，总会有一些人由于主观或客观的原因对分配结果不满意。在这种情况下，校长如何传递信息、如何解释、如何对待这些人，会对教职工的公平感产生很大的影响。因此，校长要想办法让教职工认识到绝对的公平是没有的，良好的工作绩效还会有其他合理的回报，如从工作中获得意义感和荣誉感等，将消极因素减少到最低限度，从而提高每个教职工的积极性、主动性和创造性。

绩效工资方案风波及思考

北海市第八中学　钟谨

2015年1月30日是学校放寒假的日子，我在办公室静静地坐着。12点10分，办公室李主任进来说："校长，教职工都离校了，你也早点回家休息吧。"我点了点头。见我还坐着不动，李主任又开腔了："真是想不到，这次的绩效工资发放这么顺利，这么平静。"我笑了笑，回应道："是啊，真是想不到，今天如此的风平浪静。"

一瞬间，我的思绪回到了三天前的小会议室。

那天早上9点，我们四位校级领导、五位主任坐在会议桌前，桌面上摆放着今年的绩效工资分配表，大家神色凝重。仔细比对着去年的绩效工资表后，一致得出的结论是绝大多数教职工的绩效金额与去年基本一样，变化不大。教务处王主任提出了他的忧虑："离放寒假还有三天时间，此时公布绩效，会不会又引发去年那样的校园震荡，会不会对期末工作产生负面影响或冲击呢?"一时间，大家都不说话，对可能出现的状况，似乎都在担心着。负责绩效工资统计工作的办公室李主任沉不住气了："要么，像去年一样，等到放假那天再公布?"分管教学的陈副校长接话："是啊，老师还在评卷，成绩还没有出来，放假通知书也还没有印发，等到放假那天再公布，可能会更稳妥一点。"其他领导也认为等评卷工作结束后再公布会更好一些。大家都等着我表态，目光齐刷刷集中在我脸上。我静静地听着，没吭声。

是啊，连续三年，每到绩效工资放榜公布那一天，部分老师像吃了火药、炸了锅一样，学校就像一个战场，到处枪林弹雨、炮火连天。发放绩效工资的不堪往事再一次浮现在我眼前：典老师对着负责绩效工资统计的李主任破口大骂："你是怎么计算的?我不管什么规定，学校必须把我那30%工资一分不少发给我!"费老师、建老师领着一批老师围在教务处门口："我们上了这么多的课，绩效工资还比不上几个小干事?"沙老师多次在校长办公室大吵大闹："我一个高级教师，还比不上一个电工的绩效?"管老师参加教代会时，直接冲到主席台上质问："你们领导凭什么上6节课就算满课时?"有些有高级职称的教师提出："我不管什么方案，我们的绩效工资凭什么比到校没几年的年轻老师还少!”更有老师联名上书，要求取消中层干部津贴，并把告状信寄到上级部门。特别恶劣的是，几年前，原校长身患重病，手术后从医院回校，工作不到一个月，就是因为被一位老师无理取闹拍桌子，气得病情加重，那天离开学校后，就再也没能回来……

为了相对公平合理地发放本学期的绩效工资，学校专门召开了多次教代会，对绩效工资方案进行了专题研究。全校教职工都参与了讨论，每位教职工都可以提出修订意见或者建议，方案几经讨论、修订，最后进行了表决。新方案修订后，陈副校长还在全校教职工会议上逐条进行了解读。

万万想不到，今天绩效工资分配的统计结果还是“绝大多数教职工的绩效金额与去年基本一样，变化不大”。这是否意味着，去年骂娘的老师继续骂娘，拍桌子的员工还依然要拍桌子?

行政办公会又一次陷入沉默状态。拿着打火机的张副校长无意滑动了按钮，火光突然闪动了一下。我猛地从沉思中清醒过来，眼光快速扫了一圈参会的领导，捶了一下桌子，用低沉有力的声音说：“公布出去!听听他们都还有什么意见，能解释的耐心解释，不听解释的，叫他们来找我!公开骂娘的，煽风点火的，他们不找我，我倒要去找他们!”

散会了，回到办公室，我立即把办公室干事小洁和小莉找来，吩咐她俩到校园公示栏和各个教师办公室去私下了解情况，发现情况及时向我汇报。之后，我坐在办公桌前，想象着绩效工资表公布出去后可能出现的各种情形，思考着应对的措施。

为了这次绩效工资的平稳发放，我和班子成员真是绞尽了脑汁。除了花费两个多月时间组织教职工讨论修订绩效工资方案之外，我还在绩效工资公布的时间和公布的方法上做了三项变革：一是提前公示绩效考评情况；二是鼓励教职工以书面形式对绩效工资提出意见；三是拆分总表，不直接公布绩效总额。

变革一：提前公示绩效考评情况。

一是要求各部门提前两周公示工作量统计情况，力争准确统计教职工的工作量，特别关注容易遗漏统计的代课、代理班主任、承担临时工作任务这三个方面。一旦出现错漏，立即更正。二是要求办公室在放假前三天公布绩效工资折算结果。给教职工三天的时间，让他们能通过合理的渠道反映对绩效工资分配的意见，既让教职工有充分的时间表达自己的想法，避免投诉无门，以致出现以讹传讹、谣言满天飞的情况，也让学校领导有时间对个人或者群体进行解释说明和宣传引导，保证对错漏及时进行纠错更正，不让谣言蒙蔽不明真相的群众，让有疑虑的教职工释怀，过一个舒心的春节。

变革二：鼓励教职工以书面形式对绩效工资提出意见。

这一举措是为了引导教职工用正确的方式来客观地反映问题，理性地提出意见或建议。其实，我相信绝大多数教职工都是讲道理的，会正确对待绩效工资新方案。同时，我更想借分配本次绩效工资的机会，展示肯干事、能干事、干成事的教职工的业绩，弘扬积极工作、努力奉献的精神，对那些不干事、不想干事、不好好干事的个别教职工进行警示和教育，正面营造“树正气、压邪气、消怨气、鼓士气”的校园文化，重新激发广大教职工的工作积极性和热情，进一步推动师德师风的建设。

变革三：拆分总表，不直接公布绩效总额。

要求办公室分三个表格公示绩效工资。这是一次重大变动，一方面，让每一位教职工可以详细地核对自己的每一项工作内容和工作业绩；另一方面，让教职工也看清楚不同岗位的绩效工资的差距具体体现在哪些地方。

第一张表格是岗位绩效表。这一张表公布的是班主任、科组长、备课组长、行政人员的岗位津贴，只要是同一类别的教职员工，绩效津贴金额都是一样的，如 36 个班主任的岗位津贴是相同的，12 个学科组长的岗位津贴也是相同的。对于班主任与学科组长之间的岗位津贴差异，大家也都认同，没有任何意见。如果不担任班主任、科组长、备课组长，没有任何行政兼职的老师，这一张表格没有工作量体现，津贴为零。

第二张表格是课时折算表。这一张表是公布教师的课堂教学、课外活动折算的课时量，以及行政教辅人员的折算课时量，同年级同学科的老师，课时是一样的，薪酬也就一样。上课多的老师，课时绩效金额自然要高一些。用具体的数据来体现工作量更有说服力，谁也不好意思再说别人领到的绩效工资比自己多。

第三张表格是工作奖励表。这一张表是公示教职工考勤和参加各级各类优质课比赛、论文比赛和辅导学生竞赛获奖的绩效奖励表。考勤情况公布是指纹签到机统计的，机器数据是很公正的，获奖项目一一列出，也一一对应奖金。如果没有参加各级各类的教学比赛、论文比赛、辅导学生学科竞赛，就没有教育教学奖项，这一张表格上的绩效津贴就为零。

这一拆三的公布方法，让全校教职工对自己的工作量和工作业绩一目了然，同类岗位、不同岗位的工作量都能进行比较。另外，不直接公布绩效工资总金额，而是把岗位绩效表、课时折算表、工作奖励表三张表格的绩效工资金额分别单列公示，增加了教职工自己统计总金额的环节，每位教职工必须自行把三张表格的金额相加，才能得知自己本学期的绩效工资总金额。不能直接看到自己的绩效工资总额，也不能一下子看到其他同事的绩效工资总额。往年部分意见大的教职工，就是不了解其他同事工作情况和分配细节，仅仅因为直接看到自己的绩效总额比别人少，不问缘由，就激动起来。这一变动直接改变了教职工第一眼看到绩效工资时的态度，他们统计绩效工资总额的过程就是一个了解自己也了解别人的过程，需要一定的时间，也就增加了冷静的时间。学校行政领导之前在讨论这个公布方式的时候，很认同这种变化，认为此举能让老师们更加理性地对待绩效工资金额的差异。

以前有教职工张口就嚷：“我为什么少 2 000 块?”这一次，在第一张表格上体现出来岗位职务津贴，就明显体现出岗位的绩效津贴是 2 000 多块。如果你没有担任班主任，也没担任任何岗位兼职，第一张表格你名字对应的绩效就为“0”，这就是2 000块的差距。

以前有少数高级教师埋怨绩效不如青年教师多，却从来不找钱少的原因。现在，在工作奖励表中，承担公开课、参加各类教学比赛、参与课题研究等奖励项目一目了然。如果高级教师在教学上缺乏追求，没有承担学校相应的教学科研工作，也就没有相应的奖项，更不好意思公开指责青年教师的绩效奖励比自己高了。

有的高级教师出现职业倦怠，有了高级职称就不愿承担学校的教学科研任务，倚老卖老，还要求高待遇，特别是不了解其他老师承担的工作和取得的业绩，还一味抱怨绩效工资不如人。针对这一情况，我对部分工作进行了统计和分析。如：36位班主任中只有3人是高级教师，28名科组长、备课组长当中，仅有5人是高级教师；近两年来，共有152人次参加优质课、说课等各级各类教学科研比赛，其中参赛的高级教师只有5人次；在教学科研获奖的63人次中，35岁以下19人次，36～40岁29人次，41～45岁13人次，46岁以上2人次，而高级教师仅有3人次。

在教职工会上，我引用数据指出，作为高级教师，不愿担任班主任、科组长，不上示范课、研究课，不参加课堂教学比赛，不带徒弟，不写科研论文，不带兴趣班，教学成绩不高，那这高级教师的职责你尽了几分？在课程改革的浪潮中，本着对学生、对自己、对事业负责任的态度，高级教师不能永远躺在过去的功劳簿上，不能总吃老本，不能除了上课，什么工作都不肯多干。有的高级教师平时说：“我都高级了，什么都不想了，年纪大了，干不了啦。”但是到考评、聘任、分配绩效时，又强调：“我是高级教师，工作年限长，资格老，年轻人以后还有机会。”针对以上现象，我在教职工大会上多次强调：如果高级教师不关心学校发展，不愿承担学校的教育科研工作，仅仅只是做到完成自己的教学任务，还想要在绩效工资的分配上论资排辈，那些积极努力、承担工作任务重、工作成绩好的中青年教师还有何发展的空间？学校还怎么发展？

思绪又回到了眼前，我把三张表格从头到尾细细看了 N 遍，一个名字一个名字地在大脑中筛选：会有谁提意见，会提什么意见，怎么答复。

半小时后，各种信息反馈到我这里。办公室干事小洁反馈：教职工陆陆续续到公示栏看了，有的拿着手机在计算，有的一边看一边聊着，但没有人公开表示不满，更没有人吵闹。有部分教职工拍了照，说回去好好研究。小莉反馈：多数老师都看了绩效工资公示，然后很快回各年级办公室忙着改卷了，很平和，没有出现以往情绪激动的现象。

教务处、科研处、政教处、总务处也先后传来消息，有几个教职工反映工作量折算不清楚和奖励登记有错漏，但态度都很友好，没有指责和抱怨，也没有相互攀比的现象。

按照约定，11 点半，几位副校长来到我办公室，他们关注的几个“重点对象”也没有动静，出奇地安静。

三天时间，过得太快又太慢了。

在这三天里，也陆续有消息传来：有个别教师在年级办公室里发牢骚：“起早摸黑，干得这么辛苦，过年了，还是只有这么点钱。”“还指望今年多发点钱，没办法，穷人的命。”“提什么意见都是没有用的，白费口舌。”但大多数教职工都表示虽然钱不多，但相对公平，相互间差不了多少钱，知足常乐。而李主任害怕的有理吵闹，无理也取闹的情况始终没有出现，没有一位教职工公开提出不接受绩效工资分配结果。

从 2014 年 7 月担任校长以来，我面临着前面两任校长对绩效工资分配的苦恼。这些陈年往事似乎就发生在昨天，还历历在目。今天绩效工资顺利发放了，一切风平浪静，我七上八下的心也平静了许多。

回想这大半年的努力，感慨良多。

整体来说，教职工对绩效工资不满意主要在于：一是对绩效工资的性质和分配方案不了解；二是关键问题源于高级教师认为没能拿回自己 30% 的工资，不能接受比别人少；三是多数教职工普遍认为自己工作比别人多，绩效工资却比别人少；四是教学一线教师对行政人员的津贴有意见。

这次顺利地解决了困扰了学校长达 4 年之久的绩效工资问题，给我今后开展工作很大的启迪。

换位思考，理解和尊重教职工，是解决问题的前提

如何避免出现这几年发放绩效工资过程中的过激行为，让广大教职工能够理解和接受绩效工资分配方案？我把解决这个问题提上领导班子的重要议事日程，耗费了很多时间与精力。这大半年来，我走访了绝大多数教职工，倾听大家对绩效工资的意见。我发现，大家对绩效工资的分配非常不满意，多数教职工都是怨气满腹，甚至很多家庭富裕的教职工、工资很高的高级教师、平时不是很看重钱物的教职工，对提高个人的绩效工资都有着强烈的意愿。

我仔细查阅了 4 年来每一位教职工绩效工资金额的发放记录，对照原分配方案，对照每一位教职工岗位，分类逐项逐个进行分析，找出合理性和不足之处。学校的原分配方案，是学校领导根据上级部门的政策要求，综合考虑了所有岗位人员的工作情况，相对全面、均衡地兼顾了各方利益而制订的，虽然不尽完善，但是从学校全局来看，是相对合情合理合乎规定的。但是，由于没有考虑群众的心理，在方案的制订过程中没有跟教职工充分地进行讨论，只是在教代会上走走过场匆匆通过，没有能够取得大多数教职工对利益均衡分配的理解。而多数教职工只是从自身角度来看待绩效工资，认为自己工作辛苦，每天和大家一样在工作，自己的绩效工资就不应该比别人少。这部分教职工没有思考自己承担的工作量和工作成绩与别人有差异。特别是掌握着教职工民间话语权的高级教师，习惯了任何时候工资待遇都比别人高，看到绩效工资少了，心理出现不平衡，意见大，认死理，普遍认为扣发了他们 30%的工资，抱团吵闹。

针对这一现象，我大力倡导换位思考。为了了解广大教职工的心声，我要求在教代会前充分征求教职工意见，通过分年级、分学科、分部门安排教工代表广泛征求意见，并形成会议提案，让教职工有机会充分发表意见。对那些过分强调自己利益的教职工，我指出，你们不能只站在自己的立场上去看问题、提要求。学校确保每一位教职工都能通过合法合理的渠道表达自己的意愿和诉求，但教职工不能因为自己的看法和意见不被采纳，就固执地认为学校的决策不合理、不公平。我们需要站在学校的立场、全局的角度去思考问题，要互相尊重、相互理解，更不能没有看到别人工作，就主观地认定别人不工作。我一而再再而三地提醒教职工，在我们看不到的时间，有很多同事在默默地付出。所以，请不要凭想象，轻易地在别人面前议论谁不干活、谁的工作轻松。你可以说你工作很多，很辛苦，绩效奖很少，但你不能随口说某某教职工工作很轻松、没事干，某某多拿了钱。这样会伤害到一些无辜的同事。工作是学校安排的，如何安排，学校都会有相应的道理和依据。

关注教师思想状态和心理健康，对教师心理失衡问题适时进行疏导

教职工不只是在乎钱，更在乎的是学校领导对其工作的认同感。教职工都会在乎绩效工资的多与少，但解决问题的关键不在“钱”这个字上。教职工对绩效工资分配不满，不完全是因为钱的多与少，主要是认为绩效工资分配不科学，自己的工作未获得学校领导的认同。

学校往往只是注重教师的教育教学工作，对教师的心理健康却缺乏关注。对教师的关心，也往往局限于思想教育的形式，但思想政治工作不等于心理健康的疏导。当分配不均、待遇不公等问题诱发教师的不良情绪时，学校对教师缺少疏导，使教师的心理健康问题得不到及时有效的解决，日积月累，形成恶性循环。

针对这一现象，我安排校级领导有针对性地分别找教职工谈心，了解他们的工作和家庭情况。我个人甚至到教职工家里去走访，了解他们的实际情况，拉近与教职工的距离，希望他们能客观地说出内心真实的想法。学校还不定期地组织各项活动，让教职工在活动中彼此加深了解，在活动中体会到学校对他们的关心和爱护，增强学校的凝聚力。

为了提高教职工对绩效工资的认识，统一思想，我多次在教职工会议上提出要调整好心态，正确认识绩效工资的性质，绩效工资是“以绩取酬”，目的是鼓励教职工追求符合教育要求的行为，激发每个教职工的积极性，努力实现教育教学目标。强调绩效工资实际上是奖勤奖优。我多次在全校教职工会议上公开认同教职工的看法，承认教职工的绩效工资很少，而且进一步强调，每个人领到的绩效工资都是少的。我努力让大家接受我的一个观点：绩效工资，更多的是象征意义。哪怕是绩效工资最多的那位老师，相对于其繁重工作量而言，其绩效待遇也是少的，这是因为财政投入太少，绩效工资总额太少导致教职工的绩效工资并不是对等的工作报酬。粥少僧多，所以没有哪个人是多的，没有哪一份绩效是与实际工作的付出画等号的，更多的是带有象征意义的奖勤奖优。教职工之所以普遍反映不满意，主要还不是嫌钱少，更多的是由于心理不平衡。许多教职工觉得自己干的比别人多，领的绩效工资却比别人少；即使比别人多的，也觉得付出与回报不成正比，没有能够体现多劳多得。我多次在教职工会议上强调，你可以公开说自己领到的绩效工资少，但不能随便说别人多；你可以公开说工作量大，但不能随意说别人不干活。因为别人的很多活，你是看不见的，是不为你所知的。希望教职工在领取绩效工资时，比工作量、比工作业绩，而不是一味地比钱的多少。想想自己与同事相比，做了多少事，承担了多少课堂教学以外的工作。我们应该比的是工作态度和工作业绩。

引导高级教师正确对待绩效工资分配是解决问题的关键

经过实际调查和分析，对绩效工资分配方案意见最大的相对集中在高级教师群体，这是分配绩效工资中的主要矛盾。他们不满意的关键是认为扣了他们工资总额的30%。高级教师工资一直比中级职称教师多，思想上认为比别人多才正常，不能接受比别人少，少了便认为自己被扣钱了，让别人分去了，觉得吃亏了。

其实，30%奖励性绩效工资，国家是按照学校教师的个人工资测算，然后拨到各个学校的。而高级教师觉得自己的贡献大，不应少拿；他们因年龄大了，不再有冲劲，只关注自己的绩效，干了一辈子不想“所得”比别人少。这一心情我是完全能理解的。

我想数据是最有说服力的。通过教职工会议，我把实施绩效工资政策前的教师工资与现在发放的基础性工资（也就是老师们理解的70%工资）进行了公开对比，事实证明，没有一个老师的工资是减少的，也就是现在的70%基础性工资是原工资标准的100%，没有克扣他们的工资。同时，我指出30%的绩效工资是市财政按照全校教职工工资总额30%的标准，另外拨款发放的，不是个人账户上的钱。这么一比对，高级老师发现原来的工资确实没有减少，大多数高级教师基本接受自己的基础性工资100%都领到手了，30%不是个人的钱。

为了解决这一主要矛盾，我采取了三项措施。首先，宣传引导。在各种大会小会上都肯定高级教师对学校曾经做出的贡献。引导高级教师要淡泊名利，要有超然脱俗的情怀；引导高级教师发挥余热，为年轻教师做出表率；引导高级教师克服工作懈怠，以更饱满的热情投入学校的各项工作中去。其次，个别谈心。安排校级领导，分别找意见相对突出的个别高级教师谈心，具体了解他们的想法，让他们有倾诉的对象，在理解的基础上做好思想工作，引导他们正确对待绩效工资分配及学校的各项工作。最后，提拔激励。近年来，提拔两位50岁左右的女高级教师承担学校的年级长工作，让她们用实际行动来带动激励更多的高级教师投入学校的各项工作中去。

把问题暴露在阳光下是最好的消毒办法

在绩效工资分配问题上，学校中层领导和普通教职工的矛盾相对突出。相当多的教职工没有理性地对待中层干部的工作情况，特别是没有任何兼职工作的高级教师，绩效工资比班主任和科组长少了，又不好意思说班主任和科组长，就拿中层领导的岗位津贴说事，抱团对着中层干部开火。他们认为，干部有了“名”这一政治荣誉，就不能再享受津贴；或者干部职务已按级别化为工作量，就不能额外再享受津贴。在校内，对中层干部来说只能算课时津贴不能再算干部津贴。

对中层干部的不满，实际上是对中层干部工作状况的不了解。中层干部的工作量远远超过班主任的工作量。中层干部一年四季都在忙，管理上的、创建上的、发展上的种种事务接二连三，连节假日也常被占用。为了让广大教职工能够更多地了解中层领导的工作，通过教职工的QQ工作群，我经常将行政办公室的工作场景、领导承担的工作任务、干事加班加点的情况，以照片、文字、视频的形式进行及时的播报，让大家看到中层领导带头承担工作、勇挑重担，理解中层领导承担的责任和工作的不易。同时，我多次在教职工会议上强调：中层干部尽管还存在这样那样的问题，但我们大多数中层领导承担了很重的责任，他们在普通老师看不到的时间里，做了大量的工作，为学校牺牲了家庭的时间，付出了大量精力，履行了他们的职责。同时，整整一个学期，在每周教职工会议上，我都坚持把上一周所有教职工的工作用照片、视频、文件等形式，展示给全校教职工，让教职工彼此了解工作，彼此理解难处。正是有了中层领导和广大教职工一起努力，学校的教育教学秩序才能越来越好。因为看到了领导带头工作，看到了工作过程，教职工也逐渐理解和接受了中层干部的不容易。

同时，我也加大对优秀教师的宣传力度。宣传学校优秀教师的教学成绩好、班级管理好、待人处世好，肯定他们为学校做出的贡献。我把那些默默无闻、努力工作的教师，用图片、视频、语言等形式在全校教职工会议上展示他们工作的风采，指出这些优秀教师是真的敬业，真的爱学生，全身心扑在教育教学上。这些优秀的教师不讲条件，不计报酬，无私奉献。他们的付出有多少人知晓，他们加班加点在绩效里不知如何计算，他们也从来没有要求把这些工作量计算到绩效里面。

但是有些人就认为他们很傻。当有些人不认真参与集体备课，随意编写测验试卷时，这些优秀的教师却在“笨笨地”做；当有些人不愿承担学校的相关工作时，这些优秀的教师却在“傻傻地”干；当有些人在工作时间溜号或出工不出力时，这些优秀的教师却在“蠢蠢地”守……请看看这些优秀的教师“傻”到何种程度：他们早7点到校，晚7点离校；他们把

第二、三节课让给其他老师上，自己上第一节或五、六节课；他们利用休息时间家访；他们利用休息时间备课做课件；他们把对教材的深度理解、对备考的研究成果无私地与同事分享……这些行为实在是“很傻”，但正是有了这些“傻”的优秀教师，我们的学校才会不断进步，我们的教育教学质量才会越来越好，我们学校在社会上的认可度才会越来越高。

绩效工资分配方案的制订宜粗不宜细

教师工作量受各种因素影响，很难准确定质定量，绩效工资分配方案的制订，宜粗不宜细。过细的量化指标无形中束缚了教师工作的自主性，使教师本该充满激情和创造性的工作，被数字演变为简单的机械性劳动。中小学教师的社会地位虽然有了提高，但经济收入还处于中下水平。在社会主义市场经济转型时期，人们的价值观念发生巨大变化，拜金主义盛行，教师的价值观念自然会发生相应的变化。基于教育特点，影响教育效果的因素非常多，教师的工作付出与教学成效不一定等量对应，教师的收入与劳动付出也不是一一对应的关系，如果过于算计，极易造成心态失衡。北海市的教师绩效工资，平均一个月还不到 1 000 元的工资标准，其象征意义远远大于劳动价值，更多的是体现工作质量，肯定工作的成效，绝不是等价劳动报酬。由于教师工作的复杂性，“教书”工作很难量化，如教师该讲多少道习题，该批多少本作业很难量化。“育人”的工作就更难量化，如做学生思想工作、与家长进行沟通等，常常不能用具体数字来衡量和评价。再如，同样是上课，不同年级、不同班级、不同学科的工作量、工作质量和劳动强度等都是很难计算清楚的。这些不仅计算烦琐，实际上也不可能准确。如果教师工作的绩效仅用显性、枯燥的数字来体现，无疑会引导教师急功近利，被迫围绕“量化指标”去做教育教学工作。最终，看似“公平和显性”的绩效数字会无形中打击许多按教育规律精心育人的教师的积极性。这不仅不利于学生的长远发展，也会抑制众多教师创造性劳动的激情和主动奉献的精神。相比之下，粗线条的量化指标，可能更符合教师职业的特点，更易激发教师敬业乐教的奉献激情，也更利于整个教师群体人际关系的和谐，更容易被大多数教师接受。

所以，教师绩效考核运作过程中，量化指标当细则细，当粗则务必粗，千万不要让“精细化”的量化方式束缚了教师工作的手脚，否则“剑走偏锋”之时伤及的就不仅仅是教师了。

总之，新修订的绩效工资方案应是对教师工作大方向的认同，宜粗不宜细，必须避免大而全、斤斤计较的现象出现。

第四部分　高中校长领导力修炼

让幸福浸润教师的心田

北海市中等职业技术学校　穆家庆

2017 年 2 月 13 日情人节到来之前，我的妻子在朋友圈里晒出了一摞书札，并写道：“今天清理旧物件，无意间倒腾出 30 年前与先生的部分两地书，翻阅，昨日重现。平头百姓的 30 年，无大风无大浪，油盐柴米，家长里短，感恩物是人还在。多么感谢 30 年前没有手机、没有电脑，有书为证，缠绊大半生。”回想 30 年，正是由于妻子对家庭的无私奉献，让我在工作中可以心无旁骛、勇往直前。由此，我也深深地明白，浸润在幸福家庭中，才会让我们充满活力地去工作，工作才会有成效。

从一定角度讲，学校也是一个大家庭，校长是学校的当家人。如何当好这个家？校长应该担负很多方面的责任。一般来讲，人们更多地想到的学校的教育、教学、管理和办学成绩等工作层面的事情，校长们一般都非常重视在这些领域建功立业。就我自己 18 年当校长的体会而言，校长推进学校办学的各项工作无疑非常重要，但是所有的事情都要靠全体教职工去做，都是全体教职工做出来的，而教师的内心状态与工作状态、工作业绩密切相关。为此，我认为让老师们享有幸福的感觉，增进教师身心健康是校长工作的应有之义。无论是在家庭中还是在工作中，让全体老师追求幸福、获得幸福是我一贯的努力目标。因为学校与校长工作的核心理念是生命和幸福，其出发点和归宿是师生的幸福；其内容和过程应该能够激起教师的幸福感受，致力于“给教师幸福的权利”，让教师感到满足和满意。

近年来，美国、英国、荷兰、日本等发达国家都开始了幸福指数的研究，并创设了不同模式的幸福指数。幸福感是一种心理体验，它既是对生活的客观条件和所处状态的一种事实判断，又是对于生活的主观意义和满足程度的一种价值判断。它表现为在生活满意度基础上产生的一种积极心理体验。而幸福感指数，就是衡量这种感受具体程度的主观指标数值。“幸福感指数”的概念起源于 30 多年前，最早是由不丹国王提出并付诸实践的。20 多年来，南亚国家不丹人均 GDP 并不高，但国民总体生活得较幸福。“不丹模式”引起了世界的关注。

2011年9月9日教师节来临之际，人民网教育频道与《现代教育报》联合推出“教师的幸福指数”调查，主要内容是调查“您的职业让您感到幸福吗？您希望如何增强自己的幸福感？”参与调查的13 973人中，认为自己生活和工作幸福的不到两成；近六成教师认为还过得去，幸福指数一般；近三成教师认为自己不是很幸福。此次调查结果得出的教师幸福指数令人担忧。调查显示，67%的教师在一天工作结束时，会感到疲惫不堪，近三成教师觉得虽然很累，但是很满足。影响教师在工作中获得幸福感的原因，近五成是学生能否取得较好的成绩，18%的教师是源自对职业的热爱。提及教师对这份工作的感受，47%的人认为是一般或者喜欢，25%的人选择厌倦。据此次调查统计，教师的近六成压力主要来自职称、考核、升学率，参与调查的大多数是中小城市或边远地区的一线教师，其中五成以上是中学教师。教龄在10年以上的就占到了81%，大多数年龄都在30岁以上。

幸福是人人所追求的，那么作为教师如何才能幸福呢？有人说，这世上有两件东西属于自己，一样是知识，一样是身体，财富只能算一半。也有人说，身体是数字中的“1”，其余都属“1”后面的“0”，都道出身体是一切工作的本钱。身体是幸福的重要资源，健康的身体包括体格上的健壮和心理上的健康，只有身心俱健康才能保证教学工作正常进行。实践证明，一个没有幸福感、没有积极向上心态的教师，不仅不利于其自身的身心健康，也不可能培养出具有积极心态的阳光学生。如何让教师充分体验教师职业的幸福感，做一名引领孩子成为幸福生活创造者的教师成为摆在我面前的重要课题。因此我试图从如何提高教师的身体健康和心理健康两个方面去进行探索。

提高身体健康水平

现如今，拥有健康的身体可以说已经成为很多人的迫切愿望。身体是工作的本钱，身体不好就没有什么幸福感，因此我们非常注重教师的身心健康，每年组织教师检查，学校建立了教师健康档案，做到有病早知道早预防。在讲无私奉献的同时，我们不鼓励教师带病坚持工作，但凡老师说身体微恙需要请假，我从来都是100%同意。同时，学校在力所能及的情况下，要适当发放一定的福利，对老师们的工作给予肯定。福利的发放要有利于调动广大教师工作的积极性，比如每年的"三八节"为女教师、重阳节为教师家中70岁以上老人等发放一定的纪念性礼品。学校为全体教师购买了大病医疗互助保险，有几位老师不幸罹患癌症时都得到了1.5万元的补贴。

近几年，各种亚健康状态正在向学校教师蔓延。这可能与教学强度大、教学成绩竞争压力等因素有关。因此我多方关注教师健康，保证老师"革命"的本钱，大力宣传"健康第一""每天锻炼一小时，健康工作五十年，幸福生活一辈子"等健康理念。为此每天早上的教师早操时间，我会利用我的学科优势，教老师们太极拳，并每天领操，让大家举手投足间练意（修心）、练气（导引吐纳）、练身（伸筋壮骨），达到心静、体松、气和、神旺。每天下午，我们请专门的形体教练来到学校，对老师进行形体训练，跳跳有氧健身操，使得老师表现出富有生命力的美，显示出生机勃勃和充沛的精力，提升了老师的自信心。通过形体训练，不但可以得到好的身体，而且会获得令人羡慕的仪态和优美的体态。此外，每个星期学校工会都会组织大家去打打羽毛球、排球。打球不仅可以锻炼身体，而且能提高人的心理素质。在赛场上，心理素质好的人就会反应灵活而敏捷。打排球能释放压力，调节情绪，让神经系统更灵活，也可调节如精神不集中、神经衰弱等问题。作为校长，我从不认为老师应该废寝忘食、带病坚持上课，每每遇到这种情况，我无不动员老师回家养好身体再来。没有好的身体，何谈教育？一个老师的倒下，也许立刻会有一个新老师顶上，但对于他的家庭而言却是天塌下来一般。我不希望学校成绩的提高是以牺牲教师的身体为代价来换取的，有的领导的教育理念是"质量第一"，为此不惜以压榨学生的休息时间来延长学习时间，我个人并不认同，成绩上去了，可是身体垮了，欢乐没有了，素质呢？基本谈不上了。每天上午孩子早早到校，作为老师自然也得身先士卒，不到7点就得到教室了。长此以往，教师往往觉得很累，幸福感便荡然无存了。我始终认为学校就是教师的“家”，老师感受到家的温暖时，就会把更多的爱奉献给他的学生。教师是一份非常辛苦的职业，让老师有健康的身体和良好的心情，是“家”应该给予的保障。

好的身体离不开好的营养，因此，我们推行了营养膳食计划，落实健康饮食理念。但凡到我校检查指导的上级领导、同行，吃过我们学校的早午餐的无不交口称赞。我校的早餐不限于清淡粥、单调米粉，而是有包子、馒头以及各种口味的米粉、面条；中餐也是充分考虑到营养均衡，做到平衡膳食、科学搭配，平时我也常常跟师生谈天，了解他们的需求，并尽量满足师生的饮食需求。我们还开了一间咖啡室让师生在繁重的教学之余有一隅休憩的场所，好好地放松身心。我校的学生还利用现场实验探究健康的饮食方式以及参观学习、手抄报等形式开展了一次“科学饮食，健康生活”科技实践活动，并参加了2013年广西青少年科技创新大赛，荣获科技实践活动一等奖。

如果说不同的饮食往往造成人不同的营养结构，不同的书籍也同样造成人不同的精神结构。“山因势而变，水因时而变，人因思而变。”教师的成长离不开学习的支撑，终身学习不仅仅是一种观念、一种态度，而且是一种需要、一种必须。穆罕默德曾讲过：“学习，从摇篮到坟墓。”这句圣训说明学习不是一时一事或一个阶段的任务，而是要持之以恒地终身接受的教育。因为知识是人类探索真理的阶梯，知识是光明，无知则是黑暗，知识越多，光明就越多。停止学习，意味着拒绝成长；选择学习，就选择了进步。很多年前，我读苏霍姆林斯基的著作，看到这样一段话，令我刻骨铭心：“无限相信书籍的力量，是我的教育信仰的真谛之一。”他还说过这样的一段话：“学校里可能什么都足够多，但如果没有为人的全面发展及其丰富的精神生活所需要的书，或如果不热爱书和冷淡地对待书，这还不算是学校；相反，学校里可能许多东西都缺乏，许多方面都可能是不足的、简陋的，但如果有永远为我们打开世界之窗的书，这就是学校了。”在这些话深深的影响之下，我们在学校开展了“书香校园”的系列活动，紧紧围绕“品读人文，咀嚼经典，博观前沿”三个主题展开形式新颖、内容丰富的阅读活动，丰富老师们的精神世界，培养教师的书香气质。以“识名人、读名著、品名画、赏名曲、设讲坛”等活动不断增强教师人文素养、综合素质及成长后劲，促进学校内涵式发展。为此我们于 2015 年 4 月举行了“海津杯”读书活动，邀请了被《中国教育报》评为全国教师队伍“十大读书人物”的南宁二中的张俊秋老师、被《中国教育报》评为“推动读书十大人物”的深圳市南山区后海小学的袁晓峰校长、中国作协会员顾文等专家到我校开展了多场阅读讲座，并给老师们每人购买了《第 56 号教室的奇迹》《细节决定成败》《自动自发》等书籍，目的就是希望通过这些活动营造书香校园，打造“书香教师”，让阅读成为教师的一种生活习惯。因为我们深知，一个有读书习惯的老师，经过书籍日积月累的浸润，气质就会逐渐变得高贵而不媚俗。这样的老师，自然会受到学生的尊重，而一个深受学生尊重的老师，必定是幸福感满满的。读书、实践，再读书、再实践，是我校全体教师成长的轨迹和精神的需求，它为每一位教师的幸福成长奠定了坚实的基础，插上了腾飞的翅膀。

加强心理健康教育

老师光有一个健康的身体还不行，还应该具有健康的心理。心理健康的含义在于：一是指没有心理疾病和严重的心理障碍；二是指具有一种积极发展的心理状态，即智力正常、情绪乐观、意志坚定、善与人处、正视现实、个性和谐、特征吻龄。显然，心理健康水平是心理素质的一项重要的结构因素。心理健康的人，认知活跃实在、人际关系和谐、办事卓有成效。

素有“人类灵魂工程师”美誉的教师，心理健康状况直接影响着学生的成长和教育的质量。一个处于抑郁、焦虑、恐惧状态的教师与一个处于愉悦、舒畅状态下的教师进行同样的教育教学，肯定会产生不同的效果。心理问题多的教师不可能培育出心理健康的学生。一个心理不健康、不能控制自己的情绪、容易怀抱偏见的教师，不可避免地会给学生精神上带来这样或那样的压抑和伤害。可见，教师没有健康的心理，就谈不上优良师德的形成，就不可能保证教育、教学质量的提高。教师也必须提高自己的心理健康水平，优化自己的心理素质，学会自我心理调节，保持自身的心理平衡，提高心理承受能力，妥善对待生活中的挫折，适应社会竞争。总之，增进教师的心理健康是新世纪人才培养与素质教育的内在要求。但是我在文献中看到，多项调查研究的结果表明，目前我国教师特别是中小学教师，心理健康状况不好，低于一般人群。“国家中小学心理健康教育课题对某市中小学教师检测的结果显示，有 51.23％的教师存在心理健康问题。”据中国健康研究所对部分中小学教师的调查统计，教师中患神经症的占 10％以上，而其他职业人群中平均为 2％左右。上海市教科院吴增强研究员介绍说：“从调查数据看，教师的强迫症状、人际敏感、忧郁化以及偏执倾向都比一般人群高。”从性别来看，女教师的焦虑倾向高于男教师；从年龄来看，中老年教师的强迫症状和躯体化倾向比较明显。最近，广州市天河区在举行的一次心理保健讲座上，用心理健康测试量表（SCL-90）对在场教师进行测试，结果显示：近半数教师的心理健康存在不同程度的缺失。69％的教师感到压力大，嫉妒情绪、焦虑情绪的出现频率也比较高；31.51％的教师有轻度心理障碍；12.37％的教师有中度心理障碍；21％的教师已患有心理疾病。广州医学院附一院调查显示，1 000 名教师中四成患有不同程度的咽喉炎、脊椎病、植物神经紊乱等亚健康病症。很多医院心理科介绍“在心理科的患者中，教师明显偏多”。我在学校管理工作实践中，遇到不少教师存在心理问题，有部分老师有着非常严重的失眠情况，甚至有一个老师因此办理了一张残疾人证，最终他无法再胜任教学工作，只能在处室中做一个干事，可见重视教师的心理健康问题已经刻不容缓了。

我认为一个拥有幸福感的教师通常是心理健康的教师，教师的幸福是指教师在教育工作中获得了满足，自由实现自己的职业理想，发挥出自己潜能并伴随着力量的增长所获得的持续快乐的体验。诗人常在雨夜能听到春笋拔节的声音，实属浪漫，而教师常在生本关怀下的课堂中看到孩子成长的痕迹，实属幸福。教师的幸福不仅关系教师的身心健康和教师队伍的稳定，还关系学生的进步成长和学校的整体发展。教育的终极目标是追求幸福，只有当每位教师充溢着幸福的人生体验的时候，我们憧憬的幸福教育才会得以实现。让教师有幸福的职业追求，充满幸福地做教师，是教师自身成长的需要，是教育发展的需要，也是实现学校管理最优化的需要。

提高教师幸福感的措施

我作为学校管理者，如何运用一切激励因素，帮助教师追求职业的幸福感，让幸福浸润教师的心田，促进他们的心理健康，从而最终有效地实现教育目标呢？这是我做校长以来一直深思的问题。

在教师的管理上，应当充分体现人文关怀，让教师产生观念认同感和情感归属感。因此我认为学校应当构筑一个温暖的港湾——让教师感受“家园”的幸福。

一直以来，我和我的教育团队都在着力营造宽松、和谐的校园氛围，努力让教师置身于良好的人际关系之中，使教师觉得在学校工作是愉快的，是幸福的。

1．拥有“宽容”的情怀

孔子的学生子贡曾问孔子：老师，有没有一个字，可以作为终身奉行的原则呢？孔子说：那大概就是“恕”吧。恕，宽待、宽容也。宽容是人生的一种境界，一种雅量；宽容是一种修养，一种品德；宽容更是一种智慧，一种比惩罚更美丽的智慧。

人非圣贤，孰能无过？海纳百川，有容乃大。因此在平时的工作中，我一方面容人小错、容人小短、容人唱反调，从未对老师有过任何过分的责骂；另一方面，又不断提醒自己要掌握好宽容的“度”，做到宽而有度、宽而有理、宽中透爱。

教师比学生更具有丰富的内心世界和细腻的情感体验，因此任何有伤他们尊严的举动和话语都会激起他们内心的波澜，引起他们的不安甚至自卑感。因此平时我都会尽量把自己放低一些，倾听他们的困惑和心声，排解他们的烦恼和困难，用真诚去沟通和感染，用友善去理解和激励。我想：管理者的这扇“门”要永远开着，对教职工的眼睛开着，对教职工的嘴巴开着，对教职工的心灵开着。

2. 具有“赏识”的眼光

生活就像一面大镜子，你笑它也笑，你哭它也哭。当你走进教室，如果你是微笑着的，那么你的孩子一定也是微笑着的；如果你是严厉的，你的孩子的表情也绝对不会轻松。你怎么和别人相处，别人就怎么和你相处。别人对你的行为通常是你对别人态度的总和。你一定要记住，所有的人、事、物都是你内在的投射，就像镜子一样反射你的存在。我发现如果经常夸哪个老师，那么那个老师真的会变得越来越自信。“赏识是山，山因直上而成高；成功为泽，泽以长流乃称远。”人性中最深层的享受是获得被人赏识的渴望。好孩子是夸出来的，好老师更因被赏识而自信。因此，作为学校管理者，我随时会让教师感受到自己的重要，在管理中应努力做到四个“一点一多”：柔一点，多一些春风化雨；文一点，多一些生命关注；粗一点，多一些个性张扬；活一点，多一些宽容。真诚地欣赏每一位教师，欣赏教师的创新，赏识教师的敬业，不吝啬对任何一位教师的鼓励与赞美，乐于为教师的成功喝彩，让每一位教师都感受到自己是重要的，在校园生活中是有尊严的，让每位教师感受到学校因他的成长而骄傲，让教师感到在校园里心灵的自由、灵魂的安宁、理想的放飞和奋斗的快乐。时时为教师的健康留心，处处为教师的发展谋划，事事为教师的幸福着想。

3. 重视并善于沟通

有一句话说得好，了解了就理解了，理解了就接受了。作为教师，工作性质决定了他们要长期固定在一个岗位上，重复某一学科或某几门学科的教学工作，社会交往活动比较有限，人际交往的范围也相对狭窄，视野和思维可能会受到限制，容易产生人际障碍。为此，校长既要注意加强自身与教师的沟通，也要注意促进教师与教师之间的沟通，积极创造有效沟通的机会。一般来说，校长与教师间的疏远、猜疑以及矛盾等，大都是因为缺乏对话和沟通造成的。作为校长，要关注到这些问题，积极为教师创造对话和沟通的机会，把问题摆在桌面上来解决，及时消除意见和矛盾。因此我平时都会主动积极地与教师多联系、多谈心、多沟通，坦诚地征求意见，说明情况，以达到相互理解，进而达到相互信任、互相支持的目的。

4. 充满“合作”的意识

合作是一种意愿与态度，合作是一种能力与胸襟，合作是进步提高，合作是优势互补。教育是合作的事业。要在全校营造教师合作文化，培养教师的合作精神。学校管理者首先要有合作意识，提倡教师双赢的思维模式，鼓励教师既有合作又有竞争。教师的合作不是简单地“坐在一起工作”，而是深度的、持久的，是彼此智慧的融合与激发，是对知识、技能以及实践经验的总结和推广。

凝聚产生力量，合作诞生希望。一个优秀的学校管理者，必定会精心打造一支和谐的团队。在和谐团队的氛围中，每一位教师都是家中不可缺少的一员；每一位教师都能得到充分发展；每一位教师在不分彼此的交流中相互启示、共同提高。我可以骄傲地说，不管我调到哪个岗位，从不会把原单位的人员调到新单位，而是尊重新单位原有的领导团队，通过自身的魅力融入新的管理团队当中，与大家通力合作，共谋学校的高位发展。

教师，是靠精神站立的，又是用业务行走的。精神靠读书、思考来滋养，业务靠实践、反思来成熟。教师的发展是教师自身幸福感的源泉，学校管理者应为教师的专业发展创设良好的环境，让教师们充分享受专业成长和事业发展的幸福。同时，教师的成长是一个长期而又艰苦的过程，需要自己的默默耕耘，也需要他人的引导。成长是历练，成长是思索，成长是幸福。

中国人民大学附属中学原校长刘彭芝说："一所学校绝不能藏龙卧虎，是龙就让它腾，是虎就让它跃。"每一位教师都富有生动的个性，让每一位教师的价值得到最大体现，是学校内涵管理的一项重要工作。而学校管理者则应努力成为"用才"高手：让智者尽其谋，让勇者竭其力，让能者显其才，让贤者彰其德。当学校管理者努力营造"情"的民主氛围，让校园具有"家"的温馨的时候；当教职工感到他们在学校感情有所归、事业有所依的时候，他们投身事业的激情便会像火一样迸发出来。只有创设和谐的生命状态，才能构建和谐校园。

冰心曾经说道："爱在左，情在右，走在生命的两旁，随时撒种，随时开花，将这一径长途，点缀得香花弥漫，使穿枝拂叶的行人，踏着荆棘，不觉得痛苦，有泪可落，却不是悲凉。"让我们的管理也投入这种境界，在管理中做一个在教师生命道路两旁播撒快乐与阳光的人，让幸福浸润教师的心田，让教师们在从师的道路上，花香盈路，收获感动，收获芬芳，收获成功，收获希望！让教师们努力追逐教育梦想，感受到教育的快乐，找寻到身为教师的幸福感，做幸福快乐的老师！

高山可仰，愿撷清芬

——对我职业生涯影响最大的一位校长

北海市北海中学　苢佑文

1984年7月，带着青春的梦想与激情，我从广西师范大学生物系毕业，回到了令我魂牵梦萦的故乡，成了一名人类灵魂工程师——北海市北海中学的一名生物教师。30多年来，我一步一个脚印，由一个普通的教师、班主任，成长为一名校长，其间先后担任学校总务处副主任、办公室副主任、副校长，2005年3月被任命为北海中学校长。在这条成长的道路上，我勤奋好学、积极进取，不断汲取榜样的力量，让爱与责任铸就自己的教育梦想。

仰高山之俊秀

在成长的过程中，我认识了很多人，这其中有许多人以其学识和人格深深地影响着我的思想和行为。例如1984年8月至1997年8月担任北海中学校长的吴绍淞，他的与人为善、努力成就教师的思想，以及他的教育理念始终影响着我，让我在担任校长后，能坚定不移地继承和发扬学校和谐教育的办学思想，能始终坚持以人为本的和谐管理；又如1998年8月至2000年12月担任北海中学校长的叶翠微，他提倡的"追求卓越，敢为人先"的精神至今激励着北中学子，影响着北中教师，而他的博学笃志和锐意改革的决心和勇气更是激励着我不断学习、开拓进取。而给我印象最深刻、对我影响最深远的一位校长，则是都安高中校长莫振高。

2015年3月10日，我在广西名校长微信群里看到一则令人震惊的消息，都安高中校长莫振高不幸因病于2015年3月9日去世。震惊之余，我几乎不敢相信自己的眼睛。在我的印象中，莫振高校长总是那样匆忙且精力十足，像一台永动机一般从不停歇。于是，我立即上网查看和打电话给莫校长的同事，当知道这是不幸的事实后，我无限悲伤地在广西名校长微信群里写道：痛哉，怀念莫振高校长！

2015年6月12日下午，我和全体党员一起收看了莫振高先进事迹主题情景报告会。视频报告会中，莫振高生前同事、学生以现身说法的形式，从不同视角再现莫振高同志的感人故事。一个个催人泪下的故事，一个个感人肺腑的细节，勾起了我对莫校长的真情回忆。

偶遇，是缘分，也是机遇，它深深影响了我的人生。

那是2006年4月，春日的阳光洒落在桂西北的大地上，我接到自治区教育厅通知，到广西师范大学参加教育厅组织的全区示范性普通高中校长培训班培训学习。当第一天开班仪式结束大家合影留念时，我发现站在我右手边的是一位衣着朴素、身材壮实、一脸憨厚的校长。合影结束，这位带着一腔浓重的桂柳和壮族口音的校长很友好地跟我交流，言谈中显露出和蔼慈祥，却又不乏干练。他自我介绍叫莫振高，是河池市都安高中校长。那是我第一次认识莫校长。在这次接触中，他并没有给我留下非常深刻的印象，只是他的朴实与踏实让我对他有几分好感。

其后的几年，我多次和莫校长一起参加教育厅组织的示范性普通高中的评估工作。相处多了，慢慢了解到，都安高中是全国少数民族教育的一个窗口，莫校长是一位了不起的校长。作为一所全国知名学校的校长，莫校长是那样朴实无华。当时，让我自己没想到的是，在后来的交往中，莫校长渐渐成为我生命航船中的一座灯塔，他如大山般坚实厚重的品性影响甚至改变了我的人生观。

“捧着一颗心来，不带半根草去。”让我印象最为深刻的是莫振高校长对工作高度的责任心和无私奉献的精神。

2011年1月，我作为第二批自治区示范性普通高中复查评估工作组第四组成员第一次来到都安高中，对都安高中进行复查评估。这次评估让我有机会零距离地了解都安高中和莫振高校长。

走进都安高中，我们便能感受到浓浓的“求学尚考”的氛围。校园里栋栋大楼悬挂励志横额，间间教室张贴奋斗目标。教室门前贴着放飞学生理想的励志楹联，校道两旁竖起引导学生做人的警句名言。置身都安高中校园，漫步在幽静的校道、幽雅的地罗求学山上，记载着历届考取知名大学学子的名录令我们心潮澎湃，一幅幅表明都高人理想和信念的横额与对联更令我们心情激荡。“拼搏创造价值，刻苦成就未来”“细节决定成败，态度决定高度”“考试的能力可以使你获得一次成功的机会，做事的能力可以使你获得十次成功的机会，做人的能力可以使你获得百次以上成功的机会”“勇攀书山甘洒汨水放飞心中梦想，泛游学海竞逐群雄一朝金榜题名”。每一句名言，每一处细节，无不体现出这座校园积极向上的氛围，无不展现出一个校长的办学理念及其赋予这座学校的文化内涵。

随后，我在都安高中师生的口碑相传中，在众多同行的赞赏肯定中，在各界媒体真挚朴实的宣传中，了解到莫校长许多感人肺腑的故事。

作为都安高中办学的最高指挥员，莫振高校长不仅是一位充满激情、精力旺盛且充满智慧的校长，也是一位有理想、有情怀、有信心、有气魄，视学校为自己生命的校长。

莫振高校长将“让瑶寨儿女走向世界”作为都安高中的办学理念，也作为自己的毕生心愿。原来的都安高中非常简陋，只有1栋宿舍楼和3栋小教学楼，房子破旧，常常是外面下大雨，里面下小雨。为了改善办学条件，莫振高校长想方设法筹措资金，对校园进行美化、绿化。如今，图书馆、教学楼和宿舍楼相继拔地而起。

为了开源节流，加快都安高中的发展，莫振高校长充分发扬“抠”的精神。一栋3 000多平方米的宿舍楼预算要150万元，为了省钱，莫校长决定采用包工不包料的办法建设，学校自己组织采购钢筋、水泥等建材，他带队一趟趟到南宁各大建材市场采买，货比三家。最后，宿舍楼建成，节省资金60万元。

但为了提升学校的教育教学设备水平，莫振高校长却十分慷慨大方。在学校科技大楼落成时，莫校长安排采购了100台电脑建设电子阅览室，并给每间教室配了两台29英寸的闭路电视、一台投影仪；为了提高师资水平，学校挤出资金，选派了97名教师参加华东师范大学研究生班学习。

在莫振高的带领下，都安高中的高考升学率逐年上升，连续10年高考上本科线的学生达到76%以上，而且连续20多年有学生考上北大、清华。

值得一提的是，都安高中还是广西唯一一所外语特色学校。2012 年高考，都安高中的英语作文满分率居广西第一。

为了让每一个贫困家庭的孩子都能圆大学梦，为了让学生进得来、留得住、学得好、考得上、出得去，莫校长一边抓管理、抓改革，提高教学质量，一边抓服务、抓扶贫，千方百计帮助贫困学生完成高中学业，圆大学之梦。都安高中每年都有一批考上大学的学生家庭非常贫困，为此，每年高考后莫校长便四处奔走，八方联系，为贫困生找路费，找第一学期的学费，实在找不到的，就联系县委、县政府组织车队送学生上大学。2005 年，他上书自治区人民政府，反映贫困生上大学难的问题，他的这一举动惊动了各级党委政府，惊动了中央电视台，引发了后来全国各地捐助贫困生上大学的“圆梦行动”，都安高中因此成为贫困大学生“圆梦行动”的发祥地。

如果说莫校长高度的责任感和无私的奉献精神令我震撼，并为之触动，那么他对学生真挚的关心和爱，则浸染在他的一言一行中，令我动容。他以他崇高的人格魅力，温暖着孩子们的内心世界，照亮他们前行的方向。

从师生的口中我们知道，每天清晨 6 点都安高中的校道上，一定会出现莫校长的身影。天气变了，早晨 6 点学校广播里一定会响起莫校长亲切温暖的话语：“天冷了，多穿一件衣服。”晨操后他会用广播提醒：“天气预报说今天要出大太阳，大家可以把被子抱到操场晒！”第一节课下课时，他又广播说：“大家可以利用下课时间，到操场上把被子翻一下！”如果学生们做操时不巧下雨被雨淋了，广播里会传出莫校长熟悉而亲切的声音：“食堂为大家准备了姜糖水，请淋了雨的同学去喝！”即使到外地出差，为节省住宿费，只要可能莫校长都会连夜赶回都安。而且哪怕凌晨两三点钟才从外地赶回来，第二天早晨 6 点师生们也一定会在校园里看到他的身影，听到他的声音。声声叮咛，句句关爱，让孩子们在这位瑶乡男儿的化指柔情中感受温暖、汲取力量。

莫振高对贫困生的关爱细致入微，他常说：“农村的娃仔，好好读书才能改变命运。”他在给贫困生发放生活费的时候，会特意说明自己不赞成贫困生不可以吃好的，“拿到这些钱，你们就去食堂，对阿姨说‘我要吃鸡腿’，不要害羞”。这些细节温暖着贫困生们一颗颗脆弱而敏感的心。

2011 年 10 月，我和莫校长在上海参加广西示范性普通高中校长新课改培训，为期 1 个月。我和他同在上海光明中学跟岗学习，莫校长是组长。莫校长的表现再次让我惊讶，每逢周末，其他校长都会到周边考察历史文化景观等，而莫校长却忙着去找从都安高中考入上海各大学的学生，了解他们现在的生活状况和学习情况。这些孩子虽已从都安中学毕业，但莫校长对他们的爱和关怀却从未停止。

写到这里，我突然想起那次在都安高中开展评估工作，当我们向学生提出“你们最喜爱哪一位教师”这一问题时，所有学生都异口同声且响亮地回答：“莫校长。”那一刻，我们先是惊讶，然后更多的是感动。俗话说得好，金杯银杯不如老百姓的口碑，金奖银奖不如老百姓的夸奖。正是莫校长对孩子们真挚的关爱，为他赢得了孩子们这份发自内心的爱戴。

坚守信念，奉献一生。正是莫校长提出和倡导“雄心征服千层岭，壮志压倒万重山”的都高精神和“全面发展，追求一流，让瑶寨儿女走向世界”的办学理念，正是莫校长对学校、对社会高度的责任心和无私奉献的精神，正是他对学生“春风细雨润无声”的关爱，让瑶乡的孩子们有了走出大山的勇气，有了在更广阔的天地展示自我的决心。在办学过程中，他降低门槛，保障少数民族学生平等享受优质高中教育的权利；他给家庭贫困的学生更多的关爱和扶持，做到多一分宽容，多一分热情，多一分爱心，多一分照顾，用发展的眼光、信任的态度对待学生；他对学习有困难的学生，不回避、不歧视，一视同仁，平等相待，帮助他们调整心态，树立信心，保证他们顺利完成学业。莫校长用行动真正做到一切为了学生，促进学生全面发展。因此，尽管都安地处大石山区，经济文化欠发达，教育基础比较薄弱，但是都安高中在这里树起了一座民族教育的丰碑，打造了广西普通高中教育的品牌。

撷榜样之清芬

“我感受着孩子们的痛苦，也体会着他们的快乐。”“没有一个人能独自成功，我们永远是一个团队!”“要求别人做到的，自己必须先做到；追求卓越，从我做起。”这是莫振高始终秉持的理念，而在他身上，我看到的是他对教育、对学校、对学生的责任与爱，正是这份责任与爱驱使他忠诚党的教育事业，辛勤耕耘，鞠躬尽瘁，在平凡的工作岗位做出不平凡业绩，并赢得师生的充分肯定和拥戴。

这样的校长，无疑是我学习的楷模。反思自己，作为一名共产党员，一名自治区示范性普通高中的校长，我跟莫校长的差距是什么？是的，是我还不能像莫校长那样，为学校的发展、为学生的成长而竭尽全力。虽然我为学校改善办学条件做了许多工作，比如通过申请财政资金解决学校大雨内涝的问题，利用国家贷款兴建教学大楼，为解决学校教师住房困难集资建房，为了师生发展创设平台……但我们这些问题的解决是那么容易，自己内心抱有的是能做就做，不能做也不勉强的想法。与莫振高校长一对照，他是把做校长看作一种崇高的责任，是要对全县人民负责，而我则仅仅是把校长当作一份职业。因此，在莫振高校长身上，我真正了解了作为一名校长的神圣职责，正是这种内驱力让我不断成长，让我在工作中一遇到困难就会想起莫振高校长，从而克服一个又一个困难，带着爱与责任，高擎着北海中学这面旗帜奋勇前行。

莫振高校长为我树立的光辉榜样，让我深感自己责任的重大。自担任校长以来，经历了很多事，其中北海中学的整体搬迁是对我的最大考验。

北海中学是广西首批 20 所示范性普通高中之一。学校坚持“和谐教育”的办学思想，以“勤、毅、诚、朴”为校训，秉承“追求卓越，敢为人先”的北中精神，逐步形成了“和谐、开放、创新”的办学特色，办学综合实力全面提升，为师生的全面发展提供了一片广阔的天地。20 世纪 90

年代以来，学校得风气之先，勇于开拓前进，在其各个发展阶段均有建树，为国家和社会培养了大批高素质的优秀人才。作为自治区示范性普通高中，由于历史原因，北海中学位于老城区，校园面积仅80亩，且学校地处城市繁华地带，空气、噪声污染大，这严重影响了学校的正常教学工作。随着生源逐年增加，根据国家要大力发展基础教育的政策，学校每年需承担高中扩班的任务。但北海中学因受地域的限制，在人口高密度的旧城区根本没有扩大发展的空间，这种状况严重阻碍了学校的发展，不利于学校承担北海市普及高中阶段教育的重任，更难以满足北海市社会经济发展新形势下拓展优质教育资源的要求。

2005年，我就任校长时，学校的新生招生规模是12个班，到2009年学校通过自治区示范性普通高中复查评估，新生招生规模扩大到13个班。每到学生上学和放学回家时，学校门前的路口就会变得十分拥堵。为此，我专门就此与市交警支队协调，学校与交警支队结成友好单位，每到上学、放学时间，市交警支队就派出专门的警力维持交通秩序。

2011年，学校新生招生规模扩大到17个班，达到入学人数极限。为了适应并满足北海市社会经济发展新形势的需要，扩大北海中学办学规模，北海市委、市政府于2007年开始筹划北海中学的整体搬迁，并把地址选在金海岸大道北、南珠大道东。2010年，北海市委、市政府把北海中学异地搬迁项目列入了北海三年跨越发展工程重大项目。

北海中学的整体搬迁是北中教育史上具有里程碑意义的事件，也是北海有史以来最大的教育民生工程。学校新校区占地420亩，总投资4.8亿元，第一期工程于2010年12月21日开工建设，2013年8月完工，投资3.79亿元，可容纳在校学生5 000人。学校无论在占地规模上，还是在硬件设计上，都位居广西普通高中的一流行列，得到了全社会的高度肯定。

立项伊始，项目的征地工作颇为艰难，因为这里靠近海边，村里的居民靠海吃海，出海就有不错的收入，征地补偿的钱却不多，对他们没有诱惑力。同时，让人难以理解的是，村民听说要征地后，纷纷在这里挖虾塘，甚至修建坟墓，以争取更多的补偿。这给征地工作带来了极大的困难。为了做好征地工作，我们每天都要深入村民之中做工作，我也组织征地工作组，宣传北中建在他们这里的好处。经过各方艰苦的努力，终于顺利完成了征地工作。

为了设计好这所学校，我随着局领导和设计人员到了广州、上海、杭州、苏州和义乌等地参观新建设的学校。每到一所学校，为了解细致，每次座谈会后，我还会找到学校负责当时建设的后勤人员，详细对学校的各种设施建设及图纸进行比对。回来后，我还查阅大量的学校建设方面的建筑资料，多次找华南理工大学建筑设计院北海分院的同学进行咨询，召开了20多次行政会、教师座谈会和设计人员讨论会，通过反复比较，最后确定以义乌中学学校建设规划为设计蓝本，把古典和现代元素很好地融合在一起。

为了督促工程在确保质量的前提下顺利推进，2013年春节刚过，我就几乎是“钉”在了工地上，不管刮风下雨，我每天都在安排好学校教育教学工作的前提下，坚持跑工地、抓建设、推进度，到建设工地协调各项工作。这期间，我没有睡过一个安稳觉，有时晚上睡觉时突然想到一个问题，立即爬起来用笔记下来，天不亮就从市区出发赶往工地，对照本子检查。分管教学楼项目的一个小伙子开玩笑说，我比他们总经理来得都勤快。

在工程建设过程中，为了确定外墙砖的形状和颜色，我带着总务主任，用了半个月的时间，跑遍了北海和南宁建材市场的各个角落，对照设计图中的外墙图片和颜色，一一比对。常常是中午不休息，白天在外面随便将就着吃点，鞋子磨破了，脚上也起了水泡，最终在南宁找到学校设计图中需要的外墙砖。

找外墙砖只是建设过程中的一个小插曲。学校建设工程原计划2012年12月竣工，但由于各种原因，无法按时完工。为了加快工程建设进度，到了2013年初，市教育局领导通过新闻媒体向全社会承诺，2013年秋季学期实施北海中学整体搬迁，破釜沉舟，让所有人都没有退路，置之死地而后生。

此时，摆在我面前的艰巨任务是如何确保工程质量，因为学校建设不同于其他普通工程项目，任何一个细节的疏忽都有可能在将来造成学生的安全事故。

在市教育局的领导下，2013 年初我组织成立了学校整体搬迁工作领导小组，制订了《北海中学搬迁工作方案》和《北海中学重大项目推进工作方案》，行政领导排班进工地对工程质量进行监督，每天做好记录，发现问题及时向我汇报，我立即组织力量审查核实，同时第一时间联系建筑施工方，要求其对问题及时整改。有一次，我正在南宁开会，负责教学楼周边督查的杨浩主任发短信告知我，教学楼南边的路面排水口太少，下大雨时可能造成教学楼南面路面积水，进而形成内涝。看到短信后，我立即请了假从南宁赶回来，找到正在施工的负责人，要求暂停施工，同时联系银投公司的工程负责人，要求召集联席会议进行协调，修改施工方案。在对学生宿舍的检查中，我更注重细节，有老师提出浴室玻璃门太透，我马上联系施工和设计方，要求浴室玻璃门加贴黑色遮光纸。就是这样，我将搬迁工作的责任落实到人，做到人人有任务、人人有责任，并实行责任追究制。在搬迁前的半个月，我在教学楼、宿舍楼、办公楼、体育馆及食堂等各个点之间来回跑，脚拇趾磨破了，指甲盖掉了，钻心地疼，但我涂上消炎药，裹上纱布又奔向工地。有一天，一个洗水盆掉下来砸伤了我的右脚，我到医院缝了十几针后忍着疼痛，在脚肿痛长达一个多月的时间里一直坚守在学校工地上。我在心中不断地提醒自己，要坚持住。政府把建设一流学校的任务交给了我，我应该不辱使命。莫振高校长的榜样力量一直在鞭策着我。

在学校搬迁过程中，为了节约搬迁经费，我带领总务主任找遍了北海的搬家公司，与这些公司磨嘴皮，目的就是减少搬家费，经过不懈努力，仅搬运费一项就为学校节省了 20 多万元。在搬家时我还精打细算，老校区只要能搬运的，不分大小，从一张办公桌到一个小玻璃瓶都搬迁到新校区，负责接收北中老校区的北海一中总务主任开玩笑说，北中搬迁是“鬼子进村”，实行“三光政策”。

经过搬迁前充分的准备和发动，全体教职工积极参与搬迁工作，学校的整体搬迁工作终于在 2013 年 8 月 30 日顺利完成。2013 年 8 月 30 日，市政府举办北海中学整体搬迁仪式，至此搬迁工作告一段落。我也因变黑、变瘦而被老师们戏称为“非洲移民”。看着美丽的旭日从新校园东方冉冉升起，霞光万丈，我的内心终于舒畅了。

然而，让我始料不及的是开学的学生管理工作，本来在搬迁前一年，学校校级领导共有 5 人，其中杨迅副校长到上海培训一年，我和黄冲书记及黄兴荣、李大英副校长为了能够实现搬迁后学校管理的平稳过渡，多次分别带队到钦州二中、南宁二中、柳州高中等这些有搬迁经验的学校取经学习，特别是针对全住宿学校的管理工作研究方案。但在搬迁前，黄冲书记、黄兴荣和李大英副校长等均因工作需要调离北中，这几乎让我成了光杆司令，在那一刻，我产生了畏难情绪。但同时，我又想起了莫振高校长的那句话：追求卓越，从我做起。由此，我似乎平添了几分力量，明确了自己的责任，清晰了自己的努力方向。

2013 年 8 月 31 日下午学生进驻校园，9 月 2 日正式上课。为确保学校搬迁后各项管理工作实现平稳过渡，市教育局每天安排一名局领导在学校值班，指导和协调解决学校搬迁后遇到的困难。搬迁后第一个月，我要求行政领导与全体班主任住在学校，加强学生管理，特别是对教学楼和校舍建筑进行检查与排查，确保师生安全。同时，要求教辅、后勤、保卫人员全力做好教学和后勤保障服务，确保到 10 月学校教育教学和后勤保障等所有工作步入正轨。

然而考验总是在意料之外，又在情理之中发生，食堂出问题了。8 月 31 日中午，食堂设施调整好并交付给学校，而当天下午学生已经返校，3 000 多名学生的晚餐就要在食堂进行。可是食堂工人不熟练，按照征地时和村民签订的协议，因征用他们的土地，必须优先安排当地村民的工作，食堂员工聘请的基本上是周围农村的村民，其文化水平和整体素质不高；同时，工人没有更多的时间训练熟悉设备的使用。开始几天，学生吃饭排队长达 1 小时左右，而食堂工人每天也要工作 10 多个小时，这也吓到了一些食堂工人。第三天上午，分管食堂工作的潘康林副校长打电话告知我，59 个工人中有 19 人不辞而别。当天，我们紧急联系工人预备库里的其他人员，但只有 2 人愿意前来，急得我像热锅上的蚂蚁。第四天，我们继续招聘但收效甚微，情急之下，我们通过教育局向中等职业学校借人，把中职校的一个烹饪班的师生暂时借过来为学生服务。为缩短排队时间，我和大家商量，将学生自选饭菜改为套餐，解决了吃饭长时间排队的问题，并采取增加岗位、重新聘请工人进行培训等措施来缩短工作时间。在运转半个月后，重新改为学生自选饭菜，顺利解决了学生吃饭问题。这段时间，我坚持每天每餐在学校吃，而且每天学生吃饭前半小时，我都会到食堂试一下饭菜，以确保学生饮食的卫生与安全。看到学生吃上了可口的饭菜，我心里也感到格外的舒坦。

但老天似乎还没有停止考验我们。搬迁前很多年北海都是风调雨顺，搬迁后台风、暴雨却频频成灾，台风“海燕”、“海鸥”和“威马逊”接踵而至，风力达 17 级的台风“威马逊”给学校建筑带来了严峻的考验。为确保校园安全，我带领值班领导、老师和校警，坚守校园。台风过后，立即组织全校师生开展抗风救灾，收拾吹坏的吊顶、门窗和玻璃门，一间一间排查教室和宿舍的安全隐患，维修好一处处受损的地方，饿了就吃办公室准备好的饼干。每次暴雨袭击学校时，由于校外市政排水系统尚未完善，导致排水不畅，半个校园的校道水深过膝，我总是第一时间带领校警和行政领导加强巡查，并守在被掀开井盖的下水道口，确保学生安全。随后，我将拍下的照片和报告一同交给市教育局和有关领导，争取学校排水系统的改建。学校教育教学工作很快走上正轨。

有人说，搬迁会带走学校的好运，学校教学质量前三年一定会走下坡路。北中是否也会陷入其中？我有点不信这个邪。搬迁前，我分批派出300多人次教师到杭州二中、上海格致中学等省内外名校进行蹲点培训学习，中层领导、班主任、生活和后勤管理员等分别前往南宁、柳州等相关搬迁学校对口交流学习。2013年11月，在市教育局党委统一领导和部署下，学校启动并实施了人事制度改革试点工作，制定了《北海中学人事制度改革工作方案》《北海中学中层干部选拔工作实施方案》等一系列人事制度改革的文件，实行能上能下的人事制度改革，一批年轻、有活力、有能力的优秀青年被选拔充实到学校中层管理队伍。同时，对绩效方案进行修改，通过11次讨论，经教代会讨论通过和报教育局备案，着手实施新的《北海中学奖励性绩效工资实施方案》，通过拉开差距、多劳多得、优劳优酬，充分调动全体教职工的工作积极性。

2014年，学校搬迁后的第一次高考实现开门红。搬迁前很多家长在质疑，特别是高三学生的家长担心搬迁后学生由走读改为住校，难以适应集体生活而影响高考成绩。而且这届高三是广西新课改前最后一个年级，学生万一考不好，第二年再参加高考肯定更困难，这种特殊情况进一步加剧了家长的担忧。但我们通过加强管理、提高效率等措施，多管齐下，学校这一年的高考取得了前所未有的好成绩。

在关注学校发展的同时，莫校长更以他的言行告诉我：一个校长，唯有善知师生冷暖，把师生的一切装在心中，才是真正的好校长。带着这种认识，我学会俯下身子、迈开步子，深入师生当中。北中搬迁后，远离市区，教师上班非常不便。为解决这一难题，我跑各个部门，极力推进教师公租房的建设。学校扩招，这几年招进大批青年教师，有些甚至是从河南、湖北等地远道而来。为解决青年教师的生活困难，并促进青年教师的成长，我深入调研，多次与他们谈心交心，并多次组织召开青年教师座谈会，同时邀请各分管部门领导参加，聆听青年教师的声音，以实际行动真正解决问题。老师们生病住院了，我及时去慰问；生活有困难了，我尽力去帮助他们解决。对学生，我更是给予了关爱。宿舍没热水了，我会在第一时间督促相关部门及时处理；食堂饭菜不合口了，我会组织分管食堂的领导和工作人员开会研究更科学、更可口的食谱；学生学习上有困难了，我会和他们聊聊学习方法，同时告知班主任和科任老师随时关注学生的成长；在学生的成人礼上，我以自己的成长经历告诉他们人生道路上应该如何把握正确的方向。

每逢周末学生回家和周日学生返校的时候，我都尽量到学校大门口看看，或疏导交通，或与家长交谈，或与学生打招呼。每次站在学校门口，看着一个个学生微笑着离开学校走向公车，或者迎着前来接他们的家长，我的内心是那么自豪。老百姓能够放心地将孩子交给学校，就意味着我的付出得到了他们的认可，我的辛苦、汗水又有什么不值得的呢？那一刻，我更真切地体会到莫振高校长所说的那句话——“我感受着孩子们的痛苦，也体会着他们的快乐”的真谛。

“高山安可仰，徒此揖清芬”，李白在《赠孟浩然》这首诗中极尽描写孟浩然的儒雅风姿，但却只抒发钦敬爱慕之情。而对莫振高校长，对这位如大山般伟岸的“化缘校长”，除了敬仰，我更从他身上感受到了那份对学校、对师生的浓浓的爱与责任，更愿撷其清芬，丰盈我的灵魂，坚实我的脚步，用爱与责任铸就自己的教育梦想。

管以理，变则通，心为上

——记我校长生涯中印象深刻的三件事

北海市第九中学　林延勤

“管”就是要求、规范、约束；“理”就是理顺、协调、引导。“管”的侧重点在依靠权威推动别人，而“理”的侧重点在依靠思考改变别人和自己。“管”体现着管理者的态度和魄力，决定着工作的广度和宽度；而“理”体现着管理者的智慧和能力，决定着工作的深度和高度。一位优秀的校长，要追求“管”与“理”的有机融合。缺少了“理”，校长的工作就失去了魅力和乐趣。所以，我们现在有很多的校长，包括我自己在内，整天觉得很忙、很累，可能是我们管得太多，理得太少；工作的宽度有了，可能工作的深度还不够。

《周易》有言：“穷则变，变则通，通则久。”作为学校的管理者，要敢于改变陈规陋习，勇于大胆创新，唯有如此方能适应当下教育形势的改革与发展。

“心为上”的管理，即要建立起校长与教师、教师与教师、教师与学生之间的以心为本的人际关系，制度建设和管理上要公开、公平、公正，人际关系处理上力求不专制不放任，民主平等，相互尊重。这样才能时时处处关注师生的感受，理解和满足师生的需要，更有利于师生愉快地工作、学习、生活、交往和成长。

只有刚柔并济、宽严并济的管理才能真正实现“管以理，变则通，心为上”的人性化的、有灵魂的和谐校园管理。

考而不勤与勤而不考

“考勤”，顾名思义，就是考查出勤，也是就通过某种方式来获得员工或者某些团体、个人在某个特定的场所及特定的时间段内的出勤情况，包括上下班、迟到、早退、病假、婚假、丧假、公休、工作时间、加班情况等。对学校来说，考勤是一种最常规的管理活动或管理手段。常见的考勤方式有两种：人工考勤和信息化考勤。不同学校进行考勤的严格程度不尽相同，有些学校非常严格，有些学校则比较宽松。对于校长来说，把握考勤的严格程度也是一件头疼的事情。如果过于严格，可能会引起教师的反感，导致怨声载道，不利于开展学校工作。如果过于宽松，则可能会导致无法考核教师的工作，对于部分“懒政、庸政”的教师来说有很多钻空子的机会，对一些责任心强的教师来说不公平，容易打击部分教师工作的主动性和积极性。

随着科技的发展，一些学校把新技术手段用到教职工的考勤上，考勤由原来的人工签到，逐渐替换为冷冰冰的指纹考勤。为了杜绝人工考勤的失误和不精确，北海九中从1999年建校起就采用高科技的指纹考勤，是北海市第一所采用指纹考勤的学校。当时这件事在社会上非常轰动，产生了很大的影响。学校指纹考勤的具体操作是这样的：所有教职员工的签到时间为，早上7：15，下午14：40，晚自习19：30；签离时间为，上午12：00，下午17：25，晚自习22：00。每周公布一次考勤结果。

2014年9月1日是当年秋季学期开学的第一天，也是我刚到北海九中任职的新学期的第一天。像以往一样，我早早就来到校门口迎接老师和学生们，微笑着向每一位师生打招呼，以给新学校每位师生留下一个好的第一印象。

突然间，值班室里人声鼎沸，很多老师在排着队。我靠近人群想看个究竟，原来是老师们在排着队签到，“机子又出问题了”“快点啊，快迟到了”“快点啊，孩子还在外面等着要送上学呢”“机子不认我的指纹，不认我的脸，我有什么办法”“该砸了，让新校长再买一个”，类似不满的情绪充斥着整个门卫室。

由于学校的某些制度问题，教师们有如此大的埋怨情绪，这让我不寒而栗。如果带着这样的情绪开始工作，走进课堂，怎能上好一堂课，怎能辅导好学生？

我找来负责考勤的周老师，了解考勤情况。北海九中从创办以来就实施按指纹考勤制度，虽然每位教职员工的考勤情况都能一目了然，但缺乏温情。老师们对此怨声载道，甚至恶意破坏考勤机的现象屡有发生。我又从学校其他行政人员处了解到，很多老师只是为了考勤而上班，其实是人到心不到，工作总是敷衍了事，甚至以此表达对这种机械的考勤制度的不满。

于是，在第一次行政会上我要求行政领导充分发表意见，找出当下学校最急需解决的几个问题，其中考勤制度列为首位。

在会上，我让大家各抒己见，充分发表意见，共同分析现有考勤制度的问题到底是什么，应该如何解决。通过学校行政会讨论，我决定把原先全校教职员工在同一时间考勤的制度改为分类考勤制，一类是班主任，签到不签离，签到时间为，上午 7：15，下午 14：40。二类是一线教师非班主任，既签到又签离，上午 7：30 前签到，11：00 后签离，下午 15：00 前签到，17：00 后签离；三类是教辅人员，上午 8：00 前签到，11：30 后签离，下午 15：20 前签到，17：30 后签离。另外，每人每月有 2 个半天免考勤，以便处理个人事务，迟到从第三次开始计算。家有小孩上学或有特殊困难可申请免签，每个月公布一次考勤结果。同时，特别强调严格执行请假制度和奖惩制度。这样的修改对每一类的人员都有所改变，对来得最早回得最晚、工作最辛苦的班主任来说是一种体贴和补偿，对于其他教师来说，有一些松动的时间来处理家庭或个人事务。

当我在全校教职工大会上宣布此决定，并强调今后努力的方向是力求做到“勤而不考”时，老师们露出欣喜的目光，并报以热烈的掌声。做出这样的改革，坦率地说，我心里是没底的，担心教职工出现松散怠慢的状况，到时在管理上处于被动状态。然而，考勤制度改革之后，老师们的工作依然井然有序，各方面的工作开展得有声有色，所不同的是，全体教职工的脸上多了几丝笑容。这种对过去考勤制度的变通，改变了以往那种“考而不勤”的消极怠工的现象，最大限度地发挥教职工的主人翁意识。当然，这样的改革不能一下全部放开，要在原有的基础上做到既传承又创新，进行人文管理。

作为新任校长，管理一所新的学校，要让教职员悦纳并支持工作，必须从满足教师们的一些期望、尊重教师们的一些想法开始，从而营造令教师们心情舒畅的氛围，增加教师们的幸福指数，这样才能调动教职员工工作的积极性和主动性。魏书生说：改变自我，天高地阔；埋怨环境，天昏地暗。校长在管理上要做到人性化与制度化相辅相成。人性化管理无论是作为一个口号还是作为一种理念或是一种管理方式，它的提出是符合现代人的心理需求的。人性化管理充满魅力，它能最大限度地满足人们的需要，使每位教师感受到人文关怀，而这种关怀又成为连接学校管理者与教职工情感的纽带。

在新的教育形势下，教师面临着前所未有的压力和挑战。如何让教师缓解并释放这种压力？我认为人性化管理可以起到重要作用。所以，担任校长以来，我坚持每隔一段时间，都以各种形式了解教师的基本情况，让教师感受到学校领导的关怀。人性化管理的核心是以人为本、追求和谐，所以说，学校的管理、班级的管理，其实都是人心的管理，正如俗话所说，“人心齐，泰山移”。当然，学校管理仍然需要一些刚性的管理，古人云，“不以规矩，不能成方圆”，制度就是学校教育教学的准绳，因此，在制定学校规章制度的过程中，要充分发扬民主，使制度“合法化”“合理化”“合众化”，这样才能被最广大教师认同并自觉地遵守，这样的制度才充满人性化的温情。

试错与释错

2015 年 4 月的一天，狂风骤雨，我正在校园值班，突然接到保卫处肖经理的电话：“校长，下大雨，学校有些鸽子飞不动了，都蹲在地上，高三的几个体育特长生明目张胆地抓住好几只鸽子，正大摇大摆地往校外走，我现在拦在门口，该怎么办？”我心里一紧，大吃一惊，什么样的学生如此“张狂”，竟然敢抓学校的鸽子？学校养鸽子的目的就是培养学生珍重生命、热爱自然的情操。鸽群每天在校园里自由地飞翔，课间师生与鸽子嬉戏，快乐而和谐，彰显人与自然的和谐与完美，是学校一道靓丽的风景线。学校是书香之地，是浸润学生灵魂的乐土，学生竟然公然在这和谐的校园里虐待雨中不能起飞的和平鸽，这的确是太不应该了。应该如何处置这些胆大妄为的孩子呢？我一边往保卫处走，一边寻思着如何处理这件事。

我在路上碰到了政教处梁主任，他气冲冲地说："校长，高三那几个孩子太可恶了，我刚刚狠狠地批评了他们。这几个孩子平时就是比较难管，经常惹事，这次属于严重违纪，我们一定按学校的规章制度严肃处理，给他们留校察看一年处分，带头的那个学生甚至要开除，借此机会杀鸡儆猴，以正校风校纪。"

看到梁主任这么讲，我的心情反而平静下来了。我平和地对梁主任说："等我见见这几个孩子再说。"因为我知道，任何时候，教师想"收拾"学生，一定要先收拾自己的心情。

这几个学生平时备战体育高考术科时，在训练场上努力拼搏，挥洒汗水，在运动场上叱咤风云，这次却因自己做错了事而害怕不已。我了解到情况是这样的：这几个学生误认为雨中蹒跚的鸽子是因折翼不能起飞，于是一时糊涂，就想把鸽子捉回家。现在，高考前犯下这样的错误，面临学校的严肃处分，他们非常担心会影响高考。看见我来了，他们久久不敢吱声，后来只是怯怯地说："校长，这事我们干得不厚道，我们错了，但我们不想被公开处理。"如果依照校规，必须严厉处分，但这样对他们的影响非常大，会直接影响他们高考备考复习，甚至可能会导致体育生意气用事，但如此严重的违纪学校也不能姑息。面对比较讲义气、豪爽、重感情的体育特长生，我当即和学生约定，不处分可以，不对外宣布可以，但是必须做到以下几点：一是高三毕业前再也不能出现任何违纪现象；二是要在班上起带头作用，带领班里的同学好好学习，管好班里的纪律；三是让他们来负责喂养鸽子，直到毕业。我从纪律、学习、管理、感恩等方面来引导这些孩子。这几个孩子怯生生的脸上终于露出点喜色，其中的一个孩子说："校长，我先表个态，一切看我们的表现，我们一定做得很好，给学弟学妹们做个表率，绝不让您失望，给母校抹黑！"我以击掌回应了他们。

我之所以这么处理这件事，是因为深知学生犯错误是必然、不犯错误是偶然，学校就是一个让学生释错的地方。我针对体育生讲义气、重感情和讲规则的特点对其因材施教，打破常规制度，灵活处理，期待收获好效果。

事实证明，处理这件事的良好效果远大于我当初的预期。从这件事后，每当学校举行重大赛事，都能看到他们忙碌的身影。他们帮忙布置场地、划分场地，喂养、照顾鸽子。平时清晨在校内我也经常会听到他们朗朗的读书声。后来，这几个孩子都在高考中超水平发挥，考上了大学。更没想到的是，今年的体育术科高考期间，我在广西民族大学碰到了其中两个孩子。他们在读大二，在学校里都是风云人物：一个当学生会干部，另一个创业小有成就，买了私家车，还用车接送母校的师弟师妹到考试场地，为他们传送考试经验。他们的表现非常令人欣慰。

"试错"与"释错"，两词音同义不同。前者为尝试犯错误，后者为释放出错误；前者，主事者明知故犯；后者，主事者事出偶然。学校是一个育人的地方，怎样育人？纠错，就是主要育人方式之一。要让学生在学校从每一次的错误中得到一些收获，从错误中完善自己，臻至优秀。

此外，我校是一所以体育艺术为办学特色的普通中学，生源大多来自流动人口家庭，学生水平及其家庭背景有着极大的差异性。这种差异因其遗传和家庭、学校和社会教育影响而显现出种种不同，这种不同造成学生性格上、智商上、兴趣取向上的不同，也给教师教学增加了难度。孔子说：有教无类。这就要求每一位教育工作者直面差异、尊重差异，为把差异转变为优异创造条件，开拓空间，让有差异的学生具备与众不同的能力。

此外，差异使人存在不同方面的优势和潜能。发现、发展学生的优势和潜能，帮助他发挥能力，以自己的特长服务社会、成就人生，这也是我们教育者的责任。

北海九中自办学以来，对各种学生的特长充分挖掘和培养，而多名特长生的成长和成功，使我悟出了教育的一个道理：教育不是生产线，学生也不是生产线传送过来的整齐划一的产品。我们的每一个有差异的学生都能怀着自信踏上人生之路，以一份特长服务社会，这就是我们教育成功的例证。

理解教师的切实利益很重要

2012 年，教师职称改革之后，岗位设置与岗位聘用合一，即所有的事业单位都进行首次岗位聘用，有空岗才能进行职称评聘，这将是对以前评上满一年就聘的评聘制度一次大的颠覆，这种变化一下子导致整个教育系统炸开了锅，各种反对和质疑声音不绝于耳，各校职称评聘工作举步维艰。

首先，我校严格按照有关政策文件要求梳理学校工作方案的基本要点，同时积极广泛征求意见，充分参照其他兄弟学校方案，提出我校的工作方案。其次，学校召开教代会讨论本校方案，教代会上教职工莫衷一是，争论不休。最后，学校确定的基本原则是依据职龄、工龄、职务、科研业绩、所获荣誉等打分定岗。可当方案实施时，由于高级、中级、初级岗位内部不同岗位的结构比例有限，如何对各类人员进行科学分级成了各个学校的难题，特别是确定高级职称 5、6、7 档时，很多老师都认为自己符合条件，都想争取，但是岗位却非常有限。所以，学校的工作方案一公布，争论的焦点就是高级职称 5、6、7 档如何确定，特别是临近退休和工龄长的教职员工对此产生不少误解。一时间，很多教师都有消极情绪，抱怨之声四起，不良的舆论弥漫整个校园，甚至有些教师的心态发生了变化，影响了常规工作的质量。

面对这种情况，作为一校之长，应该审时度势，管理和安抚好教师们。换言之，校长应该想出一个让全体老师们都心服口服的法子来。

夏日的傍晚，太阳收起刺眼的光芒，晚霞烧红了天空。放学了，校园里恬静优美，那种说不出的和谐使六月里的夕阳格外韵味深长。我在运动场上来回走着，想着如何解决岗位聘任的事情，可到夜幕降临了还是毫无头绪。我走回办公室，在经过初三教师办公室时，看灯还亮着，原来是临近退休的杨文珍老师还在批改作业。“杨老师，您还在加班。”我停住了脚步，边问边走进杨老师的办公室。杨老师腼腆地站了起来向我问好：“校长，我想把这测试卷改完，我已和学生说好明天评讲的，回家没办法专心工作。况且我马上退休了，得好好珍惜和孩子们在一起的时间。”听完这句话，我内心非常感动。“杨老师，您对岗位聘任有什么看法?”“老师们想着自己的个人利益无可厚非，学校要理解老师们的心理，特别是准备退休的老师，聘上了就是一辈子的事情，如果没有就是一辈子的遗憾。”杨老师在学校里性格好、人好，老师和学生们都喜欢她。别瞧她临近退休，每次只要她走进课堂，学生们就被她的课深深吸引，随着她脸上的表情和语调，时而凝思，时而神采飞扬，时而频频点头，时而低首微笑。她教育教学成绩非常优秀，可从来没有计较过个人得失，特别是这次岗位聘任，作为临近退休的老师，因为量化分数不够，她没在高级岗位评聘名单之内，也没见她提过任何异议。

走出杨老师的办公室，我认识到理解教师对个人利益的追求与理解规章制度同样重要。我心里长长舒了一口气，心里已有了解决的方案了。

于是，我决定将自己原本依据方案定为高级职称 5 档的岗位让出，当大家得知这一消息后，另一个中层领导也将自己的高级职称 6 档岗位让给另一位准备退休的老师。当我在全体教职员工大会上宣布这个决定时，会场上响起了经久不息的掌声。因此，原本争吵得不可开交的岗位竞聘，反而以相互谦让结束。会后，杨文珍老师为我竖起大拇指点赞：“校长，您这件事办得漂亮，我谢谢您，敬佩您”。最后，学校不仅以最短的时间顺利地完成了岗位聘任工作，而且还调动了教师工作的积极性。

通过这件事情，我认识到，作为一校之长，必须要摒弃官位意识、体现人文关怀，必须要抛开功利意识、倾斜一线教师，必须要从教师的利益出发、理解和满足教职员工的心理需求。总之，要想他们之所想，急他们之所急，真心实意地为教职工谋福利，这样才能赢得教师的尊重和追随。作为一校之长，对学校的领导首先应该是“心”的领导，要树立为师生服务的意识，以身作则，率先垂范。只有赢得师生的信任，才能产生凝聚力和向心力，把学校的目标化为全体教职员工的共同行为，以实现学校的整体发展目标。

希望—困境—转机三部曲

北海市第二中学（北京八中北海分校）　徐柳敏

合作办学带来希望

北部湾畔有一座浪漫的古城，名曰北海。她风光旖旎，气候宜人；碧蓝的大海、明媚的阳光、洁白的海滩，曾令多少仁人志士为之倾倒。改革开放的东风，为她增添了腾飞的翅膀，使她华丽转身，昂首走在时代的前列。

她虽然古老，但亦年轻，她身子骨太单薄了，恰似骨感美的年轻姑娘，拥有华丽外表，却缺少应有的内涵。教育的相对滞后、文化的浅薄总让人深感她前行的艰难。为了让她永葆青春、健步前行，市领导决心为她“补钙”强身，即积极引进各种优质的教育资源，投巨资兴办各类学校，造福北海百姓。

2012 年 9 月的一天，阳光灿烂，秋风和煦，蓬勃发展的海湾新城区内，一所老牌中学——北海市第二中学与北京市示范高中北京八中“联姻”，成立了北京八中北海分校，而我有幸成为北京八中北海分校的第一任校长。

为了学校的蓬勃发展，市政府大力支持给学校换“装”，投资 2 000 余万元兴建了图书综合大楼、塑胶田径运动场、舞蹈室、信息技术教室、音乐室、电子阅览室、学生公寓楼、学生食堂等设施，全部教室装备了交互式多媒体电子白板系统，实现了教学设备现代化，从此学校穿上了绚丽的衣裳。在北京八中的指导下，北京八中北海分校积极引进先进的管理理念，加强干部和教师培训，积极推进教育教学改革，学校迎来了办学历程中的华丽转身！

作为校长，看着里里外外都换上新装的学校，我高兴、我喜悦、我陶醉，整个身子像飘了起来。正当我陶醉之时，在市教育局的安排下，2012 年当年学校从全市各地招来了大批的学生，新生一下子达到 800 多人，有 16 个教学班。对此，我信心百倍地想：政府对我校如此重视，家长对我校如此信任，我一定不能辜负他们的期望，定让这些“花苗”按期开出美丽的花！

办学实践陷入困境

10月过后，学校如同刚断奶的幼儿，身体抵抗力越来越差，时而感冒发烧，时而消化不良，出现了诸多问题。

一个阴冷的午后，刺骨的寒风迎面吹来，令人不禁打起寒战。我正像往常一样巡视课堂，迎面碰上工作20多年的班主任刘老师。一见我，刘老师马上沮丧地说：“校长啊，这些新生怎么这么难弄啊！”我问：“怎么啦?”“这批新生个个都是盏不省油的灯呀，不是学科发展不均衡，就是有太多不良习惯啊。就如我班的小宁吧，厌学、逃学、学习基础差，还不听管教。”“你跟他父母反映过吗?”“电话联系过几次啦！他父母是警察，工作忙，没时间管他；他与爷爷奶奶一起生活，老人溺爱孩子，逐渐养成孤僻、任性、为所欲为的性格，是家中的小皇帝。”我们两人正聊着，一位年轻教师气冲冲走过来，不客气地嚷道：“校长，这活没法干了！”“你又遇到什么事啦，这么生气?”“那高一（4）班的小丽，上课时埋头大睡。我过去想喊醒她，她居然不理不睬。我不得已轻轻拍了她一下，她竟然两眼一翻，一声不吭又伏案大睡。”“这种情况多吗?”两位老师说道：“各班都或多或少有这样的学生。”

当晚，我辗转难眠。第二天，我立即组织教师展开系列问卷调查，召开教师代表座谈会。会上，大家你一言我一语，纷纷发表各自看法。经过分析，大家认为，新一届学生的问题可分为三大类：第一类是学科发展不均衡。第二类是缺少远大理想，缺少责任感和集体荣誉感；学习目的不明确，学习态度不端正，没有学习的兴趣；组织纪律性差，随意迟到早退，甚至无故旷课，上课看小说、玩手机；自习课听音乐、上网聊天、嬉笑吵闹，甚至不守秩序，随意进出课堂；课后不复习、不做作业；不讲卫生，乱扔垃圾；不讲礼仪，毫无礼貌。第三类是学习基础差、思想表现差。

用心耕耘赢得转机

面对这样的状况，我内心十分忧虑，只有设法走出困境。为了拿出最好的解决方案，我主要做了几项工作：首先，在班级找学生谈话，了解学生内心想法；召开教师座谈会，了解学生的课堂表现；召开班主任座谈会，了解学生日常学习生活中的思想表现；组织班主任了解学生家庭教育情况。其次，会同教务处、政教处相关教师开展学生问卷调查和教师问卷调查，收集数据，分析、归纳出学生在思想品德和学习方面共同存在的问题，并针对存在问题探讨解决办法。最后，跟班子成员研究，探讨解决问题的最佳方案。通过讨论，面对新的学情，大家一致认为必须更新办学理念。根据学生的综合表现，学校确立了新的办学理念：让每一位学生成人、成才、成功，让每一位学生在校都学会做人，学会学习，学会做事。

在新办学理念的指导下，我在办学过程中，着重引导教师处理好三个关系：一是家庭教育与学校教育的关系。教师需充分认识家庭教育与学校教育是取长补短、相互促进、相辅相成的。学校的教育偏重于学生知识与技能的培养，即“学会认知”“学会做事”；家庭教育偏重于道德教育和行为品质的培养，即“学会共同生活”和“学会生存”。因此，家庭教育和学校教育有效地结合在一起才能发挥教育的最终目的，塑造完整的人。这就要求教师在工作中要重视对家庭教育的指导。二是教与学的关系。教师需充分认识到教和学之间是相互影响、相互促进的。教师传授给学生知识，提高了学生能力，学生的学习反过来给教师压力，促进教师的专业成长。这就要求教师务必充分发挥主观能动性，多开展丰富多彩的教育教学活动。三是智育和德育的关系。教师需认识到德育和智育都是教育的重要组成部分，德育主导智育、促进智育，智育承载德育、融合德育，两者之间相互依存、相互促进。这就要求教师在工作中把德育放在首位，因人施教。为此，我实实在在地主抓了四件事：

1. 优化教师综合能力

一是加强教师的职业道德教育，提高教师的职业修养。没有职业道德的团队是一支没有希望的团队。为了提高教师的职业修养，我以“一个党员一面旗，争创党员先锋岗”为契机，打造先进典型，充分发挥共产党员的先锋模范作用，引领全体教师积极向上、奋力前行；开设“优秀教师讲坛”，选拔苏瑜、黄晓丹、刘功英等优秀教师讲述教书育人的动人故事；开设“道德讲堂”，邀请道德模范等来校做先进事迹报告，引领全体教师加强修养、为人师表、乐于奉献、勤恳工作。

二是大力引进高层次人才，改变人才结构，提高教师队伍的整体素质。学校要发展，人才是关键。这几年来，在市政府的大力支持下，我率领专家组前往全国各重点师范院校招聘高层次人才，共招聘了李业星、毛雨晴、陈苑等免费师范生和杨家瑜、杨菲菲等硕士研究生共37人，占教师总人数的20%。这些高层次教师的加入，改变了教师队伍的人才结构，增强了教师队伍的活力。骨干教师群体不断壮大，大大提高了教师队伍的整体素质。

三是开展多种形式的业务培训，提高教师的业务素养。为了提高教师的教育教学水平，这几年，学校每年都从紧张的办学经费中拨出专款用于师资培训。培训采取校内和校外培训相结合的方式进行。校外培训方面，这几年来，政教处每年均组织两次优秀班主任外出考察学习，先后到北京八中、陆川高中、柳铁一中、桂林中学、柳州高中、海南华侨中学等区内外示范高中参观学习，学习德育管理、班级管理、班级文化建设等方面的经验；科研处每学年均组织多批次学科骨干教师前往北京八中、广州大学附属中学、陆川高中、桂林中学、桂林电子附属中学、百色高中等名校开展教研考察，仅前往北京八中学习、培训的教师就有8批次、156人次。班主任和科任教师外出考察学习，开阔了视野、增长了见识，弥补了自身的不足。校内培训方面，我校开设“名师讲坛”，先后邀请了吴松年、王俊成、龚正行、吴昌顺、丁榕等10多名国内知名专家到校做讲座，从校长的管理、教师专业化的成长、班主任的专业化成长以及家庭教育等角度开展了一系列培训。我校邀请北京八中派出名师驻校，开展面对面的交流指导，先后有语文学科高级教师张莲、于文海，英语学科高级教师欧阳光，物理学科高级教师周中慧，生物学科高级教师龚宝华，通用技术学科高级教师张军，实践活动课高级教师王明辉等教师来驻校，这些驻校专家与我校的年轻教师结对，具体指导我校年轻教师的教育教学工作。我校每学期还邀请北京八中各学科的一线名师、学科带头人石伏平等到校，与我校教师就教育教学的理念、教育教学方式等展开热烈的讨论，交流经验和体会。此外，我校还大力推进“蓝青工程”建设，以师徒结对的形式，让校内名师手把手培养青年教师。这一系列的培训，大大促进教师的专业化成长和业务素养的提高。

四是大力打造名师，培养学科带头人。“火车跑得快，全靠车头带”，一个团队要发展，必须要拥有一大批该领域的领军人物。我校为了提升教育教学质量，下大力气打造各类名师，培养各学科带头人。我自己先后参加自治区和国家组织的校长培训班培训，孙雪珺、姚普云、张少铃等教师参加北海市的名师培训。我校力争5年内拥有正高级教师1名、特级教师2人、市级学科带头人5人、区级学科带头1人。

2. 开展层级德育模式

学生在校能否真正“成人—成功—成才”，关键在于教师在学生的不同成长期是否能有计划地开展针对性强的教育引导。我校在经过反复调研后，在德育教育工作上采取“层级”教育模式，即从高一学年开始，分三个学年，分别依次开展“习惯与人生”“人格与责任”“理想与拼搏”的主题教育。

高一年级时段，是培育学生“成人”时段，主要引导学生学会做人。良好的习惯是成功的一半。为了使每个学生都能具有良好的文明习惯，树立正确的世界观、价值观和人生观，在这一时段，我们主要围绕“习惯与人生”这一主题开展系列教育活动，着重纠正学生的不良习惯，帮助学生去除各种恶习，养成良好的文明习惯。教师们在贯彻落实社会主义核心价值观和中国梦等教育的前提下，从学生的日常生活习惯入手，以“体验”方式开展养成教育，设置了不少与学生成长密切相关的实践活动，让学生扮演相应角色，在一定情境中亲身感受体验，进而自我反思、自我完善。例如，“今天我是班主任”活动，让学生在这一天扮演班主任，做一天班主任应做的工作，担负班主任一天应承担的职责。这样，学生在体验中感受教师工作的艰辛、感受教师的付出、感受纪律的重要，进而懂得自律、懂得感恩、敢于担当；又如，“我为父母做顿饭”，要求学生利用业余时间自己淘米、买菜、生火做饭，亲身感受家务活的辛苦、感受自己生活的幸福、感受父母吃饭时的感动，进而反思自己，学会劳动、学会担当、学会感恩！通过系列教育活动，规范学生们的日常行为，使他们逐渐养成讲礼仪、懂礼貌，讲清洁、爱卫生，喜师长、懂感恩，惜生命、讲安全，说实话、讲诚信的良好习惯，培养学生的纪律意识和感恩意识，使学生树立正确的世界观、价值观和人生观，使他们真正“成人”。

高二年级时段，是培育学生“成才”的时段，主要引导学生学会学习。具有伟大人格的人往往都有强烈的责任意识，无论何时何地，面对任何情况都勇于担当、敢于担当、乐于担当。为了培养学生的责任意识和健全人格，为了让学生明白“为谁而学？学什么？怎样学？”等问题，学校围绕“人格与责任”这一主题，从集体观念、学习动机、人生价值观、自我管理等方面入手开展了“我为学校添光彩”“精英荟萃，各领风骚”“树立正确价值观，做有责任心的人”“为中华之崛起而读书”“不要为打翻的牛奶哭泣”等系列教育活动，培养学生的责任意识，塑造学生主动学习、勤奋学习、热爱集体、奋发向上的良好品格，最终让学生学会学习，真正“成才”。

高三年级时段，是培育学生“成功”的时段，主要引导学生学会做事。自古以来，大凡成功之人，均有远大的理想，为了理想而奋力拼搏。

为了让即将走上社会的高三学生能经受住社会的风吹雨打，经受住人生路上的磕磕碰碰，真正获得“成功”，学校围绕“理想与拼搏”这一大主题，从“增强信心，树立理想，集体荣誉，经受挫折”等方面开展了“相约在大学”“我快乐，我自信，我高考”“有你，有我，学习更快乐”“天生我材必有用”等系列励志教育活动，教育他们明白“宝剑锋从磨砺出，梅花香自苦寒来”“胜不骄，败不馁，厚积而薄发”的道理，树立“为中华之崛起而读书”的远大理想，奋发拼搏，未来在自己喜欢的岗位上，做出成绩，做出贡献，做社会的有用之人。

3. 培养学生的学习兴趣

兴趣是知识的先导，兴趣是学习的动力，兴趣是最好的老师。没有兴趣就没有学习的动机和欲望。我校为激发学生的学习兴趣，提升教育教学的实效，在如下几方面做了尝试：

一是大力开设趣味性强的校本课程，培养学生的学习兴趣。针对不少学生因为基础差而出现的厌学现象，为了充分调动学生的学习兴趣，学校在开齐国家课程和地方课程的前提下，积极挖掘各任课教师的潜能，加大开设趣味性强的选修课，让学生依据自己的爱好和特长，选择自己感兴趣的课程进行选修。例如，体育学科开设了体育舞蹈、艺术体操、民族舞蹈、啦啦操，美术学科开设了手工水彩绘画、手工制作，语文学科开设了戏剧欣赏、文化评论欣赏、经典名著欣赏、经典诗文诵读和课本剧表演，这些形式多样化的选修课给学生选课提供了广大的空间，既满足学生的兴趣要求，也为学生发展特长提供平台，间接地提高学校的教育教学质量。

二是尝试“分层走班制”教学模式，培养学生学习兴趣。目前，学校课堂教学模式都是以固定教学班为基础，学生固定在一个教学班上课，教师授课时教学内容要照顾到多数学生，因而出现基础好的学生“吃不饱”、基础差的学生“吃不下”的现象，久而久之，好学生上升幅度受限，后进学生跟不上，自信心备受打击，甚至导致厌学。从2015年秋季学期起，英语学科率先尝试“分层走班制”教学，即在上英语课时，学校按学生成绩分层次组成临时教学班，教师根据临时教学班学生的具体情况，讲授学生易接受的教学内容。从目前试行情况看，学生在临时教学班上英语课，基础好的学生提升速度增快，基础差的学生找回自信，学生的学习信心大增，学习兴趣比较浓厚，教学效果比较理想。下一步，学校考虑在各年级逐步推开“分层走班制”教学。

三是大力开展丰富多彩的教学活动，培养学生的学习兴趣。学校教学以课堂教学为主，而课堂教学形式大多单调，趣味性不强。为充分培养学生的学习兴趣，挖掘学生的潜能，学校大力开展丰富多彩的教学活动，如春季学期举行的红色经典歌曲合唱比赛、演讲比赛、体育趣味运动会、物理知识班级 PK 赛、“让物理更精彩”科普晚会，秋季学期举行的英文歌曲大赛、课本剧展演、环保时装秀、航模比赛、水上飞船比赛、创意降落伞比赛、灵感电动机比赛、中华经典诗文诵读比赛等。这些丰富的教学活动既有竞技性又充满趣味性，很符合学生口味。学生十分喜爱，也热情参与，且在活动中提高了自己的学习兴趣。

四是鼓励学生开展各种社团活动，培养学生的学习兴趣。学校一直主张“社团育人”，对学生的社团活动给予大力支持。目前，我校学生组建有征帆文学社、远航广播站、海瞳摄影协会、T 点音乐社、尚丽礼仪社、尤舞社、海潮俱乐部、三节棍武术协会、青年志愿者协会、美术兴趣小组、物理兴趣小组、学生体育运动协会等社团。学校鼓励这些学生社团在不影响课业的前提下正常开展活动，参加社团的学生都是自愿的，因而参加活动的兴趣很高。为了让学生社团在学生中起引领作用，学校安排老师适时指导社团工作，也充分给予社团展示平台，鼓励社团参与学校体育趣味运动会、文化科技艺术节等教育教学活动和市、自治区组织的各类比赛。学生在活动和比赛中取得好成绩，很有成就感，在成就感的驱使下更加努力学习，学习兴趣更浓了。同时，学生们在开展活动时，自己策划活动、管理社团，学生的自主管理能力也得到大大提高。

五是加强对学生的学法指导，增强学生的自信心，提高学生学习兴趣。学生学习的兴趣不高，原因是多方面的，其中长期成绩不好对学生的学习信心打击最大，而成绩不好往往又是学习方法不当造成的。为了增强学生的自信心，激发学生的学习兴趣，我校教师经过反复实践，总结出适合我校学生的“6+2”学习法，指导学生学习。所谓“6+2”学习法，就是在学习过程中严格贯彻“预习→上课→复习→作业→质疑→小结”6个环节，在这6个环节之外，在学习每一章前后，还有“计划”和“系统”2个环节。“计划”即在学习每一章前，对这一章内容进行预览，根据要学习的内容制订一个学习计划；“系统”即在学完每一章后，对这一章进行系统总结，常用的方法是画该章的知识网络图，它可以使学生对该章的知识有系统的了解，让他们从“宏观”的角度来重新认识该章，实现对知识掌握的“升华”。

此外，我校还经常组织学生经验交流会，让成绩好的学生在会上介绍学习方法，交流学习经验。

4. 指导家庭教育

只有学校教育、家庭教育、社会教育有机结合，才能利于学生的健康成长。为了能让家庭教育发挥最好效果，学校十分重视家校合作教育，建立家长学校，成立“三结合”领导机构，即学校、年级、教学班均建立相对应的家长委员会指导家长开展家庭教育。同时，学校采取多种方式对家长的教育给予指导。

一是创建家长QQ群或家长微信群，指导家长开展家庭教育。为了及时与家长沟通，开展家庭教育指导，每个班级均建立家长QQ群或家长微信群。班主任在群里推介有关家庭教育的理论文章和成功家长的家庭教育经验，组织家长就家庭教育问题进行探讨、交流，指导家长的家庭教育工作，为家长开展家庭教育出谋划策，有效地提高家长的家庭教育水平。

二是邀请国内教育专家到校讲学，传授家庭教育的方法。为了给家长提供与教育专家面对面的交流平台，我校借助北京八中的人才资源先后邀请国内知名教育专家到校讲学。例如，2012年邀请北京八中龚正行校长来校做《努力提高家庭教育的水平》的讲座，2013 年邀请国家关工委公益文化中心教育专家来校做《激发孩子持续的学习动力》的讲座。讲座后，教育专家与家长进行了交流，专家们耐心解答家长提出的种种问题，这些专家讲座和临场点拨，大大开阔了家长的视野，解除了他们心中的疑惑，使家长们的教育水平得到了不同程度的提高。

三是组织家长参加社会团体在校外开办的各类家庭教育讲座。每年秋季学期，国内各种教育辅导机构都来北海举行家庭教育讲座，就家长如何开展学生的心理教育等问题进行指导，我校总是抓住这一机会，积极组织家长参加。2017 年 11 月，金太阳教育培训中心在北海市人民剧场举办家庭教育讲座，学校积极组织各年级家长代表参加，参加家长达 300 多人。

四是充分发挥家长学校的职能，定期组织家长家庭教育研讨会。为了让家长之间能有机会面对面交流家庭教育经验，学校充分发挥家长学校的职能，每学期均组织一次家庭教育研讨会。会上，班主任组织家长就当下的家庭教育热点问题展开充分讨论，达成共识，使每个家长的家庭教育收到实效。

可喜的收获

一分耕耘，一分收获。几年来，在我和师生们的共同努力下，学校取得可喜的发展。

一是学校硬件设施极大改善，校容校貌焕然一新。近年来，市政府继续改善我校的硬件设施，完成办公设备的更新，给全校各部门领导、年级长、学科组长、各学科骨干教师均配备手提办公电脑，改建了学生食堂，翻新了教学大楼，还给每个教师办公室、教学功能室配备 1～2 台台式电脑，建设了数字化录播教室等，校园内环境也得到整修，学校比以前更美丽了。

二是学校认真落实素质教育，学生的精神风貌大有改观。绝大部分学生树立了正确的人生观和价值观，爱祖国爱人民，有责任敢担当；讲礼仪懂礼貌，着装整洁，俭朴文明，待人有礼；讲纪律守秩序，上课认真，没有无故旷课现象；讲团结爱朋友，友善待人，和睦相处；讲奉献懂感恩，关心集体，乐于助人。2012 年以来，我校有 16 个班级被授予市、自治区“先进班集体”荣誉称号，150 多人被授予北海市、广西区“三好学生”“优秀学生干部”“优秀学生”等荣誉称号。

三是学校课程改革稳步推进，教学质量有新的超越。近年来，我校扎实推行新课程改革，采取加强课堂教学管理、转变课堂教学方式等措施，使教学质量稳步提升，高考成绩屡创新高，本科上线率保持在 53%以上，高考成绩在北海市同类学校中名列前茅。2010 年我校高考一本上线仅 13 人，本科上线 366 人；到了 2015 年，我校高考一本上线人数上升到 23 人，本科上线突破 400 人关口，达到 430 人，达历史新高。为此，我校连年被评为“北海市高考先进单位”，荣获“北海市高考成绩一等奖”等荣誉称号。

四是学校教研工作热火朝天，教研成果硕果累累。近两年来，我校承担国家级、自治区级重点课题和市级重点课题 14 项，均已顺利结题；教师积极撰写教研论文，有 150 篇获得省级以上论文奖；科研处编辑出版《北海二中教育科研文集》3 集，政教处编辑出版德育校本课程用书三册。学校还培养出众多的各类教科研人才，有广西壮族自治区“园丁工程”A 类人才 3 名，北海市优秀科技人才 5 名，北海市“园丁工程”B 类人才 30 名，北海市学科带头人 3 名，北海市骨干教师 3 名，北海市第一批基础教育名师培养对象 4 名，市级以上优秀班主任、德育先进工作者、优秀教师 20 名。

五是学生社团蓬勃发展，社团育人成效初见。学校学生社团积极开展丰富多彩的社团活动，社团学生参加各类科技、文体比赛，个人荣获各类科技发明奖国家级 28 人次、省区级 70 人次、市级 87 人次。2014 年学校被评为“北海市青少年科技创新大赛优秀学校”、第二十九届全国青少年科技创新大赛“科技教育创新优秀学校”；2015 年参加广西青少年科技创新大赛，共获得奖项 13 个。

体艺学生参加高考，成绩连创辉煌。近两年，我校体育考生本科上线率超过 60%，艺术考生本科上线率超过 65%，一大批学生考取北京体育大学、武汉大学、武汉体育学院、上海体育学院、华中师范大学、广西艺术学院等著名体艺院校。我校学生小宁高二开始参加学校体育运动协会，在教师的指导下，2015 年参加高考，顺利考上湖南大学。“瞌睡虫”小丽对美术绘画兴趣浓厚，自愿加入美术兴趣小组后，在辅导教师指点下其绘画技法大有长进，2015 年参加高考，顺利考上广西艺术学院。

我的思考

办人民满意的教育、抓好质量、办出特色是我的治校目标，过去为之努力，现在为之努力，将来还要为之努力。回顾自己在北海二中这 5 年的办学经历，一路走来，历尽艰辛，可谓殚精竭虑、兢兢业业、克勤克俭、尊师爱生，自认上对得起国家、下对得起学生及家长，学校的办学成绩、学生的成长就是对自己一路耕耘与付出的最大回报。每听到周边广大干群及学生家长对自己的赞誉，我感到欣慰与踏实的同时，也感受到家长的期待、组织的信任，更意识到自己肩头责任的重大。在新形势下，要办好“人民满意的教育”，绝不能停留在口头上，而要落实在行动中。在北海二中当校长这 5 年起起伏伏的经历也让我对校长如何在学校办学的核心工作领域岗位履职进行了一些思考。

一是校长应做学校课程改革及学校发展的设计师。学校的改革发展是一个动态、连续的过程，只有起点而没有终点。在学校各项规划和计划的制订过程中，校长起着举足轻重的作用，因为这些规划和计划其实就是校长教育思想的集中反映。然而，校长绝不可以凭借自己的主观臆断去制订、设计学校规划，而需要充分依靠全体教职员工及学生的力量，群策群力去完成。校长不能把自己的既定想法有意无意地强加给老师，而应以民主、尊重的态度去感召和激发教师们，以自己先进的思想、开阔的视野、丰厚的积淀去引领教师们，使他们积极地、自觉自愿地参加到学校规划的制订和设计中来，以集体智慧构建学校的发展蓝图。只有这样，学校的规划和计划才能被大多数教师主动接受，才能成为激励大家奋发进取、努力工作的行动指南。

二是如何进一步提升教师队伍的整体素质。百年大计，教育为本；教育大计，教师为本。在学校可持续发展过程中，管理、设施、教师、生源是 4 个关键性的因素，其中我认为教师队伍起到核心作用，有一支高质量的教师队伍才能使学校走上可持续发展的道路。

学校要大幅提升教育教学质量，关键在于教师。如何提升教师队伍的整体素质，我想可以从以下几方面入手：（1）高度重视加强教师队伍的师德培养工作；（2）五湖四海招贤纳才，集聚人才；（3）对教师进行岗位素质培训和基本功训练，大力支持教师在职进修；（4）认真抓好教研组的建设和教研活动的开展。

三是如何提高德育工作的实效。学校教育，德育为先。开展德育工作的模式有很多，但工作效果总是不尽如人意。要想德育教育有实效，德育活动就要针对学生的年龄特征，按照层级模式，以“体验”形式开展契合学生实际、趣味性强的主题教育活动，经过亲身经历，学生心理上才容易接受，教育才能收到预想的效果。

四是如何充分尊重学生个性、让学生多元化发展。现阶段，全国几乎所有学生的学习目的都是考进最好的大学学习，然而学校的课程是以知识体系为中心的，整个课程是螺旋式上升的，大多数基础差的学生因为在课堂上听不懂，久而久之产生厌学情绪，对学习没有兴趣，因而现实中只有少数学生能考上理想学校。为了让学生多元化发展，让学生学到一技之长，学校要充分利用课程资源及其他资源，开发校本课程。学校的校本课程设置要以人为本，充分尊重学生个性，要扩大课程内涵，要多开展趣味性强的教学活动，借此发掘学生的潜力，发展学生的专长，为学生成长提供好的发展空间。

五是如何加强对家庭教育的指导。一个人的成长、发育和发展过程都是学校、家庭和社会三位一体的综合作用的辩证发展过程。未成年人的健康成长以及全面发展离不开学校教育、家庭教育。学生的第一所学校是家庭，家庭教育是一切教育的基础，家庭教育在整个教育链条中有着不可替代的重要作用。然而，大多数家长在家庭教育方面还是采取“棍棒教育”，效果甚差，因而，学校有必要加强对家长的家庭教育进行指导。

学校对家庭教育的指导，形式上可以是传统家访指导，也可以采用家长微信群、家长 QQ 群等新形式开展指导；微信群、QQ 群可以是班级家长群，也可以是年级家长群，甚至可以是学校家长群，这样不仅指导单个家长，而且使众多家长得到指导；指导教师可以是本校有经验的教师，也可以聘请教育专家；指导内容上可以谈家教方法，为家长开展家庭教育出谋划策，也可以推介有关家庭教育的理论文章和成功家长的家庭教育经验，也可以组织家长就家庭教育问题进行探讨、交流，力争提高家长的家庭教育水平。

因学而思，因思而行

——“领航工程”助力我的专业成长

北海市第七中学　林允昊

回望自己作为校长的成长历程，许多故事和感想涌上心头。如果要梳理其间对自己作为校长的专业成长产生重要影响与作用的关键事件，我想应该是我与北海市中小学名校长培养领航工程（简称“领航工程”）的相遇。自从参与了“领航工程”，我不断因学而思，因思而行，开启了校长职业生涯的新阶段。

2014 年年底，由北海市教育局和北京教育学院共同举办的“领航工程”拉开了序幕，我怀着忐忑的心情走进项目专家组面试室参加遴选。经北海市教育局综合研究考核后，我成为“领航工程”中的一员。两年多的培养学习活动为我的专业成长打开了一片新天地，激发和促使我不断成长。我在教育信念和理想追求的引领下成长，在现场学习和跟岗学习的体验中成长，在校长沙龙的研讨活动中成长，在专家学者的指导下成长，在校长群体的相互影响中成长，在制定学校发展规划的实践探索中成长，在与学校管理干部和老师的共同办学实践探索中成长，在课题研究的摸索中成长，在专业著作阅读活动中成长。

在现场学习和跟岗学习的体验中成长

在 2015 年春暖花开的美好季节里，“领航工程”安排我到北京京西国际学校观摩学习。该校所倡导的“融合、激发、挑战、贡献”的办学理念，多元文化背景下成功的教育实践，将中西文化有机融合，对不同国家学生个性化教育模式的探索等方面给我留下了深刻印象。这次学习不但让我开阔了视野，而且让我对教育实践有了深层次的思考：教育要有国际视野，要根据学生不同的文化背景、认知起点，为学生制定个性化的课程，进行有针对性的教育，挖掘学生的潜能，让每一个学生各得其所。

2015 年 10 月，我进入北京十四中进行为期一周的学校现场跟岗学习，这又让我有了一次心灵的碰撞。该校“办一所有温度的学校”的办学思想理念引起我的共鸣。在跟岗学习期间，张琳校长做了题为《做有温度的教育，办有故事的学校》的专题报告，对我产生极大触动。她说：教育应该有意义、有价值、有意思，学校应该有温度，真诚、浪漫。好学校要有好文化，好学校要有好教师，好学校要有好课程，好学校要有好成绩作为保障。学校要有故事，特别是要有教师成长的故事，让老师分享学校的快乐；要有学生成长的故事，让学校生活成为学生美好的回忆。之后，我与该校主管德育工作的副校长就德育工作进行交流。该校在抓教学成绩的同时开展的系列大型校园活动、丰富多彩的社团活动、班主任培养和家校沟通等活动让我开阔了视野，真实体会到学校不只是一个传授知识的地方，还是一个让学生、教师成长的重要平台。同时，该校的党建工作的科学化水平让我佩服。“学习＋议题＋沟通”的行政会模式让人耳目一新，让本来用于汇报工作、安排工作的会议变成了管理层集体学习、集体进步的阶梯。在教学方面，该校开展的学法指导、分层自主选择导师和多元课程、有效教学等方面都很有特色。这些措施让学生有了更多的自主选择的权利，让学生更能主动地投入学习，同时也让教师有了促使自己进步的动力。总的来说，这次的学习，令我受益匪浅！

2016 年 10 月，我再次来到北京，有幸进入北京四中房山分校现场学习。北京四中房山分校的“以人育人，让学生在原有的基础上有新提升”的教育理念，基于学生成长的教学建筑群、温馨的书吧，与家长共舞的做法，又让我看到了教育的另一片新世界，深受启发！

同月，我参加了北京市第一期“名校长发展工程项目”结业系列活动之一——首都师大附中永定分校徐俊校长办学思想研讨会。在研讨会上，徐校长分享了幸福教育的办学思想，介绍了该校科技创新、课程开发等方面的经验，这对我要加强我们学校科技创新和课程开发方面的工作大有裨益。

在北京名校的现场学习和跟岗学习，对我当校长、管理学校产生了很大的影响。主要有四点：

一是校长不只是一名管理者，更应该是一名有思想的教育行者。校长是一个学校的管理者，工作重在管理，这是我最初的肤浅理解，但经过了学习，我真正认识到：思想是行动的先导，教育理念和管理理念的先进与否在一定程度上影响着学校品位的高低，也体现着一位管理者的能力。所参观和跟岗学习学校的办学思想理念给了我很大启发：校长只有结合学校的实际，形成自己的办学思想，用先进教育理念和管理理念指导学校的工作，才能影响带动广大教职工转变教育思想，从而把办学思想真正体现在平时的教育教学实践上，才能使学校成为有共同价值追求的殿堂。也只有做到了这一点，一位校长的存在价值才能得到真正体现。

二是校长应该做教师专业发展的引领者。教师是推动学校改革与发展的核心力量，一个学校的实力与教师的整体素养、教师的能力是分不开的。教师在社会上的影响力一定程度上体现了学校在社会上的影响力。为教师构建施展才华的舞台，搭建学术对话的平台，引领他们走向教科研的殿堂，促进教师的专业发展，是提高学校核心竞争力的必要途径。这就要求校长在关注学校发展、学生发展的同时，也要关注教师的专业成长。只有视教师为生命体，而不是工作体，把自己的领导行为从行政权威走向专业权威，成为教师专业发展的引领者，才能让教师自觉参与到自我提升的队伍中来。

三是学校管理要从技术层面走向心灵层面，走以科学管理为基础、以人本管理为价值取向的治校之路。以人为本，为了教师能得到发展，为了能给学生提供适合的教育，学校的管理必须走向心灵、走向沟通，必须在科学管理的基础上更加注重人本管理。

四是校长应该加强教学管理。当今的教育不再是死板的灌输式的教育，而是多样化教育手段下的个性化教育。在这样的环境下，为了免于教学流于形式，校长必须有着火眼金睛，必须找到合适自己学校的教育教学手段，严把教育质量关，这样才能提高教学成绩。这就要求校长必须潜下心，遵循教育的规律科学设置课程，把握有效教学的核心要素，从而提高教育质量。

在校长沙龙的研讨活动中成长

在“领航工程”研修学习期间，有两次校长沙龙活动对我的成长产生了深远影响。

第一次校长沙龙活动时间是2015年11月16日，在北海市教育局第五届教育活动周中，北海市教育局安排全市高中校长代表围绕学校办学思考与实践、教育热点和焦点问题开展沙龙活动，并与现场的老师进行互动。沙龙活动由叶宗沛局长主持，杭州二中叶翠微校长和广西师范大学孙杰远副校长进行现场点评。点评中，叶局长对我校的发展充满期待；叶校长建议我校要准确定位，提升学校核心竞争力，推动学校科学发展；孙副校长建议我校要统筹构建，整体发力，加强课程建设，让办学理念落到实处。

第二次校长沙龙活动，在北海市教育局第六届教育活动周中展开。沙龙活动安排北海市部分校长与北师大附中各地分校的部分校长就课程建设、核心问题引领下的课堂教学、教学中的变与不变、翻转课堂等问题各抒己见，北师大基础教育对外合作办学部刘增利常务副部长进行了点评。

这两次校长沙龙活动让我对如何当校长有了深刻的反思。

第一，作为校长应该在关注学校发展的同时，思考教育的热点和焦点问题，并做出积极的回应。教育是与时俱进的，学校的发展不能脱离社会，不能闭门造车，只有时刻关注教育的热点、焦点问题才能更好地认清教育的发展动向。作为学校的领导者，只有积极地把自己学校的实际情况和这些热点、焦点问题结合起来才能更好地寻求学校发展的准确方向。

第二，作为校长在做好学校管理工作的同时，还要善于阐释自己的教育观点，在交流中、在专家的指点下让自己对教育有更深层次的思考。校长自己一人的观点会有局限性，只有敢于阐释自己的教育观，和有着更丰富经验的同行、专家一起探讨，才能借助第三方的角度来审视我们自己的理念，并以此达到取长补短的效果，才能更好地规划学校的改革与发展。

第三，校长应该把个人的成长与学校发展高度关联。一位成功的校长离不开学校这块土壤，一个学校的模样可以折射出校长的能力。所以，作为校长的我们应该把自己个人的职业规划、个人的发展图景和学校的发展关联起来。学校有了好的发展，便会为个人的发展提供更好的平台，校长也会在学校的发展中提升自己的能力。

在专家学者的指导下成长

参加两年多的“领航工程”项目，一批专家学者成为我成长道路上的明灯，每每提起这些人的名字时，我总是心怀感激。

中国教育学会原会长顾明远教授对名校长的定位，让我明晰了校长专业成长的方向；北京教育学院原党委书记马宪平教授关于校长职业素养与职业情怀的解读，让我深入了解了校长应有的教育情怀；北京教育学院校长研修学院院长胡淑云教授关于校长专业标准的分析，让我明确了校长专业成长的内容和路径；北京教育学院李雯教授关于教育国际化的解读，让我深入了解了国际教育理念融入学校教育的抓手；美国卡内基领导训练北京代表处赵卜成博士主持的校长领导力训练，让我真切感受到管理就是沟通；教育部王定华司长对我国基础教育改革与发展的政策解析，让我知道应从宏观的视角把握当下的教育；北京师范大学教育学部石中英教授关于社会主义核心价值观及其在学校教育中的落实，让我明确了在学校践行社会主义核心价值观的方法；北京教育学院孟瑜老师对有效学习的报告，让我进一步了解了有效学习的内涵和实施的方法；《中小学管理》杂志社柴纯青社长对学与教的新文化的分析，让我从教育价值的层面审视学校的教与学；北京师范大学高鸿源老师关于学校特色建设及其可持续发展的解读，让我对学校特色建设有了更加清晰的思路；北京教育学院杨秀治老师关于促进教师专业发展的专题报告，让我找到更多促进老师专业成长的实招；北京师范大学刘儒德老师关于学习的科学与教学的艺术在教育中的心理效应的解读，让我体会到应把心理效应与教学有机结合；北京市西城区教育研修学院原书记王建宗关于课堂教学变革的实践探索与分析，让我体会到校长应该不断进行教学创新。

在聆听了各级领导对教育高瞻远瞩的审视与期待，了解了教育专家前沿的教育思想，领略了校长们张扬个性的风采和对教育不倦的追求境界后，我对自己角色定位、对自己的发展规划有了更明确的方向。

第一，开阔视野，提高教育理论素养，是教育工作者成长必不可少的途径。作为示范性高中的校长，只有具备长远的眼光才能为学校的发展提出更好的点子，而要有长远的眼光就必须不断地提高自己的理论素养。所以，不断充实自己成了我个人成长规划中的第一步。

第二，我对校长的角色有了更深刻的认识。校长应该是一名讲规矩、依法办学的人；校长应是一名思想者，用先进的教育理念引领学校科学发展；校长应是一名具有教育使命和教育情怀，把教育作为事业来耕耘，并以满腔的热情、高度的责任心和改革的思想去干事业的人；校长应是一名探索者，在教育理想和现实中践行，不断追问教育问题，努力孕育出更精更美的教育佳话的专家型的教育探索者；校长应是一名能充分整合各方面的资源来发展学校和具有良好沟通能力的人。

第三，校长的管理角色，不能只停留在模式管理层面，更要体现出人文关怀。学校的管理不同于一般单位公司的管理。学校的服务对象是处于成长阶段的青少年和教师，我们应该采取以科学管理为基础、以人文关怀为价值取向的管理模式，只有这样才能符合学校的特点，才能推动学校更好地发展。

在校长群体的相互影响中成长

一次又一次的集中培训，一次又一次的分组讨论，“领航工程”让我与办学经验丰富、办学成效显著的校长交流思想，分享办学中的酸甜苦辣。这些校长既是教育同行，更是益友。我们互相鼓励，一路前行，感谢“领航工程”同行的校长们。

北海市中等职业技术学校穆家庆校长致力于职普融通的探索，让我思考如何在普通高中给予学生更多的动手操作和实践的机会；北海中学苫佑文校长对和谐教育的深层思考与实践、曾承炜书记的教学管理智慧，让我了解办一所有品质的学校应有的担当和智慧；北海二中（北京八中北海分校）徐柳敏校长以合作办学推动学校发展的实践，让我体会到借力发展学校的重要性；北海九中林延勤校长以文体特色立校的探索，让我体会到学校的特色建设应该立足学校的实际；北海外国语实验学校杨惠萍校长努力打造“阳光绿色”学校的实践，让我思考如何把生态教育理念引入学校教育；北海三中梁世杰校长对城乡接合部学校办学的探索，让我思考如何基于问题导向寻求学校发展的突破点；北海八中钟谨校长以规范办学为抓手推动学校发展的策略，让我体会到办学首先要讲规矩；北海市华侨中学罗琴丽校长践行的足球特色学校，让我体会到学校特色建设的另一新视角；南康镇第一中学赖崇晓校长对优质农村教育的追寻，让我深切感受到校长的责任与担当；北海市实验学校王晓玲校长对“九年一贯制”学校一体化管理“钻石模式”的实践，让我对学校管理模式的构建有了进一步的思考；北海市第二实验学校胡卫琼校长致力于“办一所有故事的校园”的探索，让我感悟到学校应处处留下师生成长的足迹；北海市海城区第六小学林允艳校长致力把海洋文化植根于孩子们心中的探索，让我体会到地方文化对学校文化建设的影响；北海市海城区逸夫小学王碧凤校长以文礼教育之灯照亮学校特色的实践，让我体会到要让人文之花在学校盛开；北海市银海区银滩镇和兴小学姜世玲校长拥有的“大”校长和“小”课堂的情结，让我体会到校长应该始终聚焦课堂；北海市机关幼儿园范徽丽园长的集团化办学的成功实践，让我体会到校长要不忘初心。

两年来，在优秀校长群体的互相影响中成长，我对于如何当校长、如何当好校长也有了自己的思考。

第一，校长既要有教育梦想，更要真务实。有理想有梦想才能走得更远，学校也如此。学校的发展必须要有自身的目标、自身的理念、自身的宗旨。而这一切必须要从实际出发，不能空想，只能务实。

第二，校长应该立足于学校实际，寻求学校发展的突破口。在学习兄弟学校的先进经验和国外先进教育理论的同时，我们应结合自己的实际，分析学校发展中遇到的瓶颈问题，并以此为切入口引进适合自己的方法和理念，寻求发展的突破。

第三，校长要对学生的现在负责，更要对学生的未来发展负责。学生的成长是一体的，学校的教育是长期的。学校不能为了教学成绩或者易于管理就把眼光变狭窄，我们应该帮助学生制定好人生的规划，在关注学生成绩的同时，更应关注学生的品质和健康，并尽一切可能为他们的发展提供适合的教育，对他们的未来负责。

两年的培养学习，让我的视野变宽了。在自己的工作中，我也尽可能做到学以致用，慢慢地成熟起来。

在制定学校发展规划的实践探索中成长

两年前，根据“领航工程”的要求，每一位校长必须谋划学校在新的起点上科学发展的问题，制定学校新一轮的发展规划。北海七中朝着什么方向发展、怎么发展，是我和学校团队必须回答的问题。在聆听了李雯教授关于学校发展规划制定的指导意见，特别是李教授指出校长应成为学校发展规划的设计师，并推荐了应用 SWOT 分析法去规划学校的发展之后，我找到了非常好的抓手。于是我与学校团队通过多种形式的调研，对学校的优势、劣势、机会点、威胁点和行动策略进行了分析，寻找到了学校变革发展的突破口，确定了学校发展的愿景、使命和目标，发展要素、发展策略和保障系统。学校发展规划的制定让我明确了：

第一，好校长应成为学校规划的设计师，明晰学校发展战略应遵循的基本原则和技术。

第二，学校发展战略制定过程就是形成办学理念的过程。通过规划的制定，可以把多年来的教育理想、对教育的思考和对教育的情怀有机融入学校发展中去。

第三，学校的发展规划必须由校长和校长所领导的团队共同完成，不能让别人代替。

第四，制定规划的过程能提升战略规划能力，让校长从更高的层面，科学思考学校发展的方向和实现的路径。

在与学校管理干部和老师的共同办学实践探索中成长

按培训要求，校长必须要梳理学校办学实践中面临的最核心的问题。在广泛征求我的管理团队和教职工意见，以及在学生中进行调查之后，我结合学校的实际情况，经过反复的思考，认为作为一所广西壮族自治区示范性普通高中，北海七中办学实践面临的最核心的命题是如何为学生提供适合的教育，让学生在原有的基础上发挥潜能。

就如何为学生提供适合的教育的问题，我与教师们进行了多次的沟通，并进行了如下的探索：

一是制定思想道德成长路径图。根据每位学生思想、心理现状，为学生制定符合自身的思想道德成长路径图并有针对性地开展教育。

二是倡导共生的教学文化。通过打造有知识、有生命张力的课堂，让师生共同成长。

三是制定学生学习成绩提升路径图。在全面分析学生学习现状的基础上，就学生的知识短板或能力短板等提出改进策略，形成学生学习成绩提升路径图，努力为学生提供菜单式辅导。

四是设置多元课程。制定体现学校办学理念与发展方向的课程建设与实施规划，开发具有北海地域和学校特色的校本课程，设置学科课程、实践课程、研究性学习课程和拓展性课程，更好地满足学生多方面、多层次的需求。

五是积极探索分层教学，构建个性化的教学模式。以学生的个性发展为目的，积极引导老师探索并构建符合基于学生学习基础和学科特点的教学模式群。

六是围绕“为学生提供适合的教育”的理念，开展教科研活动，研究学生身心发展规律，激发学生的潜能，让学生能跑的跑起来，能飞的飞起来。为学生提供适合教育的实践取得了一定的成效，高考成绩有新的突破，学生阳光快乐。

作为一名校长，必须明确和深入研究自己当前办学实践中的核心问题，提炼自己的办学思考，形成办学理念，更重要的是要与团队一起实践，在实践中积累经验，提升自己的专业水准。在实践中，我感受到了我们北海七中领导班子和教职工教育的情怀、敬业爱岗的精神和教育的智慧。

在课题研究的摸索中成长

“领航工程”一个重要的内容便是每个校长确定一个与学校办学实践密切相关的研究课题，通过课题研究探索学校改革与发展之路。

在确定选题之初，有两个研究方向，一是校长办学思想总结提炼，二是教师专业发展。在导师多次指导和同伴的互助下，结合学校老师专业发展的特点，我选择了教师专业发展作为研究的方向，把普通高中教师专业发展系统构建与整体推进的实践策略作为研究选题。我认为：教育教学的改革与发展呼唤教师的专业发展，教师专业发展是教育教学改革与发展最主要的支撑力量。对一所学校而言，教师队伍的专业发展既存在群体差异，也存在个体差异，所以促进教师专业发展需要基于教师的个性差异、技能差异、理念差异来系统构建和整体推进，从教师可持续发展的需要出发，实现跨学段、跨学科的优势整合，开展不同范围、不同形式的活动，为教师提供更多平台，提供最佳指导，让其沿着适合自身特点、能力和素养的路径发展，在提升学校核心竞争力的同时收获优秀的教师群体。

在课题的研究过程中，我得到了李雯教授面对面的指导，让自己对课题研究的学术规范有了深层次的理解，自己的学术素养也提升了。在课题的研究中，得到马宪平书记、柴纯青社长、李娜博士等专家的指导，还得到高中组全体校长（书记）的帮助和我校管理干部、老师的大力支持。在课题研究过程中，自己对教师的专业发展有了更加理性的认识，并为老师提供了更多适合专业发展的平台，推动了学校的科学发展。同时，我也认识到：应该做一名研究型校长，从研究的视角去谋划学校的发展，推动教育教学改革，经营学校的品牌，进而推动学校持续发展。

在专业著作阅读活动中成长

专业著作阅读活动是“领航工程”的重要任务之一。从被导师要求读书到自己自觉读书，我静下心来阅读了戴维·卡尔著的《教育的意义》、托马斯·J. 瑟吉奥万尼等人合著的《教育管理学》、加里·D. 鲍里奇著的《有效教学方法（第七版）》和克里·斯帕克曼著的《赢者思维》等项目组提供的专业著作，真正体会到专业阅读的乐趣，更体会到应该做个学习型的校长。“在学习中工作，在工作中学习”是时代对校长的内在要求。校长只有不断学习和终身学习，才能提升理论素养，更新教育观念，拓宽专业知识面，提高教育教学管理能力和执行能力。同时，要通过学习破解学校改革与发展问题，达到管理就是共同学习、共同发展的目标。

“领航工程”的学习和实践历程是我当校长的职业生涯中最为关键的一次提升。通过学习，我不仅提升了专业素养，也认识到了作为一名校长身上的责任与担当；了解了自己的优势与不足，明晰了未来发展的方向，也对办学有了更深层次的思考，并把这些思考融入推动学校发展的探索与实践之中。

感谢“领航工程”促进了我的专业成长，让我的职业生涯进入了一个新的阶段。未来，我将不断提升自己的专业能力，把对教育的耕耘进行到底。

为育桃李香满园，衣带渐宽终不悔

——我的教育生涯回顾

北海市北海中学　曾承炜

“春华秋实杏坛三十载，夏繁冬蕴庠序一方园”。时光匆匆，转眼从教已满三十个春秋。在我身边发生的教育“琐事”确实不少，偶尔回味一二，总能让人感慨万千。教育是一个润物细无声的过程，从教育者个体来说，所谓轰轰烈烈的大事不会太多，但一些看起来微不足道的行为、经历会深深地影响自己和他人，下面就择其二三事作为我的教育叙事呈现如下。

犹豫过后，我义无反顾地回到教育岗位

1986 年，我从广西师范大学毕业，分配到了北海市北海中学任教。这时改革的春风已渐渐吹临这座沿海开放城市，下海经商越来越成为时髦。怀抱着教育崇高理想的我就是在这股经商大潮冲击之下，度过了教师生涯的头 8 年。经过 20 世纪 90 年代初改革开放的洗礼之后，看着这个社会，看着身边的人和事，我也渐渐地变得不再安分，之前的教育理想渐渐变得模糊。1995 年，经过一番思想斗争之后，我停薪留职到了一家从事旅游、娱乐的集团公司当了办公室主任。在那里，竞争十分激烈，像我这样老师出身的人为数也不少。工作中，我总是万分小心。因为公司老总在人前称呼我为“老师”，客人们总会用异样的眼光看着我，问我：“为什么不做老师了？为什么老师在这个地方混？”每当此时，我总是感到万分尴尬。一年后，我离开这家公司再次回到了北海中学的工作岗位上。从此，我义无反顾地坚守在教育这块阵地上，再也没有动摇过。

这段经历似乎与教育本身没有直接的关系，然而，它对我后来从事教育产生了巨大的影响。甚至是从那个时候开始，我才真正明确自己的职业方向，才真正地思考教师职业的价值，才真正地领悟教师必须具备的职业操守。通过这段经历，我感悟到的是，珍惜岗位、爱岗敬业是从事一项职业工作最基本的素质。回到学校后，我不再犹豫，全身心地投入教学和担任班主任的工作中。同时，自己也加强了阅读，加强身心的修养，以对得

起教师这一特殊的称谓。经过几年的努力，我所带的班级团支部成为自治区的优秀团支部，所教的学生也成为全区政治学科高考状元，我终于感受到了从事教师职业实实在在的价值。后来，我担任了学校中层领导、副校长。作为学校管理者，我时常用这个例子与学校的老师交流，引导他们思考这个例子之外的问题：市场竞争与教育内部竞争是一种怎样的关系，如何使教育内部的竞争更加良性。近几年，学校班子在这方面做了很多有益的探索，学校进行的人事制度改革使得一批有能力、有追求的年轻教师通过这一制度改革走上了中层管理岗位，得到了师生们的认可。

这段经历之后，直到现在，我都在思考：现在的年轻教师是不是也会像当年的我一样，产生犹豫，教育理想变得模糊，渐渐地变得不再安分呢？我想，面对当今市场的挑战及其对教育的渗透，教师特别是年轻教师肯定会有与我年轻时类似的想法和焦虑。在我停薪留职离开学校期间，学校当时就有好几位年轻教师辞职到外面自主创业，虽然现在学校编制给了许多年轻教师安全感，但经济上的压力还是让不少年轻教师不能全身心地投身教育。不少学者对我国的中小学教师的工资满意度调查及职业适应性调查，都反映出对中小学教师特别是年轻教师职业不稳定性的担忧，这种心不在焉的职业活动，其教育效率可想而知。因而，学校管理者在加强对青年教师的培养上应该更加积极主动，通过以人为本为核心的文化建设，让青年教师有对教育理想的企盼，进而通过自身努力和学校所提供的平台发展自己的专业，再通过这样的发展更加坚定对教育理想的追求。

细微处的教育，让我更认识到激励和唤醒的力量

1999 年至今，我经历了担任班主任、教务处副主任、副校长和党总支书记岗位“进化”的过程，经历了调离又返回北海中学的“周折”。但有一点是没有改变的，就是始终坚持在教学一线，做学生的良师、同事的益友，在教学中渗透自己的管理，也在教学中反思自己的管理。这么多年，

有几个学生的故事一直在牵扯我从事教学和管理的神经。

20 世纪 80 年代后期，受港台电影的影响，“能打就有地位”被部分学生所崇尚。由于家庭中孩子多和学校教育的大班额制，对于一些“问题学生”，家庭和学校的教育都有一定缺失。当时我所教班级的隔壁班有个姓李的男孩就属于这样的“问题学生”。他每天正常来学校上课，但是只懂得上课睡觉，下课拉帮结派，属于“小混混”的头。说实在的，对他的印象深不仅是因为后来发生了一件令人难过的事情，还因为他曾在回家的路上用拳头给我解过围。后来，他初中毕业后没有考上中学，就一直在社会上混，再后来就听说他在一次斗殴中捅伤了别人，自己也被别人捅死了。

2000 年，我刚接手高三的一个文科班的教学，在第一次的模拟考试后，我发现有位姓王的同学政治只考了 8 分。当着很多同学的面，我把她叫到了身边。我问她：“你怎么回事？才考了 8 分？”她一句话也没有说，红着脸走出了教室。开始我自己都没有意识到自己的语言方式已经严重地伤害了她的自尊心，一直到后来的几节课，她连头都不抬，在下面做自己的事，而我了解到她其他的科目都不算差。后来，尝试了很多办法，师生关系才有所好转。课堂上，她主动提问和回答问题，成绩得到了很大的提高，最后还考上了自己理想的大学。

2004 年，我所教的补习班有一位女同学，班主任和科任教师对她都感觉非常头疼。她情绪很不稳定，有轻生的倾向。而这时离高考只有两个月时间。作为上级领导，我主动地接受“对付”她的任务，除了正常与家长、心理教师沟通进行疏导外，由于她坚决不与我面谈，所以，交流一般都通过信息进行。就这样，运用非常规的方式，我与她进行了近两个月的信息交流，面对她提出的问题，我耐心地分析、解释、开导。可谓艰苦卓绝，最后她顺利地度过了困难期，并考上了省外的一所医科大学。

在这里，对这几件小事，我只是做了极为简单的描述。但是，从我自身来说，这几个学生的故事对我触动很大。被捅死的问题男孩，当时我和身边的同事竟没有给他应有的教育和指引，没有给他应有的尊重和关怀。

可他后来竟然还为我出了面，解了围，这对我——一个教育者真是极大的讽刺。而另外两位女学生的事例，让我认识最深刻的就是，教师的最重要的工作不是教育，而是激励和唤醒。

这些年来，我也时常把这几个学生的经历作为培训老师的常用案例。教育无小事，我们培养的学生不像工厂里出产的产品，劣质的可以淘汰或重新回炉。学生从我们的学校走出，他（她）还是国家的公民，他们的言行依然影响着社会的方方面面。虽然学校的教育不能决定一个人未来的一生，但至少在我们这一环节上要担负起足够的责任！学生是一个个鲜活的生命体，学生的成长不可能按预先设定的流水线程序一样一气呵成，我们的学校管理者和我们的教师，必须加强学习，有足够的细心、耐心和人文关怀。正如联合国教科文组织的《反思教育：向“全球共同利益”的理念转变?》报告所言：倡导教育应该以人文主义为基础，以尊重生命和人类尊严、权利平等、社会正义、文化多样性、国际团结和为可持续的未来承担共同责任；采取开放、灵活、全方位的学习方法，为所有人提供发挥自身潜能的机会，以实现可持续的未来，过上有尊严的生活。

见贤思齐，让我梦想更高远、脚步更踏实

有人说：“学校是一方净土，校长就是这片土地的核心和灵魂。能否使这片净土，万物丛生、各具芬芳，作为现实社会中的校长其人格魅力和人格力量应起着关键作用。”我从教30年，是教育者，也是被教育者。其间许多的书籍、专家都给予自己诸多启迪。近20年来，尤其是我们的老校长、现任杭州二中校长叶翠微，对我的影响最大。

叶翠微校长在1998年至2000年在北海中学担任校长。在他引领北海中学的几年里，突出了“全面实施素质教育”的发展主题，并通过系列活动和举措极力推进素质教育。在这期间，北海中学逐步形成以科学的现代教育思想为主导，既适合学生个体发展，又适应社会发展态势，并具时代

前瞻性的办学模式，形成了较为完善、成熟的素质教育体系。这些教育理念是北海中学和谐教育理念的雏形，经过时间沉淀，不断发展完善。

叶翠微校长在任期间，在继承学校原有优良传统的基础上，提出了最能代表北海中学良好风貌及未来发展方向的办学思想——人性教育，给学生以人性，还教师以自由，塑学校以品格。叶校长深谙素质教育之精髓，推崇以人为中心的教育价值取向，强调教育对学生灵魂的塑造和人性的提升，以及引导他们对智慧的追求，其第一要义就是尊重学生的天性。为此，他在北海中学给了学生充分施展才艺的舞台。

在我们大部分人（包括众多教育工作者）的教育理念中，学校就是培养人才的摇篮。学生理所应当把主要的时间和精力都放在专业学科知识的学习上，从而机械知识的专业化取代了生活对于人的“潜移默化”，而生活本身的意义也被“业余化”了。这种教育怪圈，使得学生的日常交往、生活，日益被工具性、功利性所侵蚀，他们没办法体验成长的乐趣、感受个性的魅力、领悟教育的真谛。

为了改变这一普遍现象，叶校长做了许多大胆尝试。他认为，教育本应是在生活中促进学生人性自我完善的一种辅助性手段，他推崇美国教育家杜威的教育理念，让学生在活动中成长，给学生充分的自由，让他们挖掘自己的潜力、发展自己的天赋。因此，在北海中学这块热土，他为学生创造丰富、生动的“学习场所”，将丰富的体育元素、音乐元素、信息元素注入校园。生命的种子在每一个心灵深处孕育发芽，散发出不同的芬芳，结出迥异的果实，每个北海中学学子的心灵世界都具有了令人惊叹的美丽。

叶校长在任时间虽然不长，但正是他使得北海中学进入了跨越式发展的快车道。“追求卓越，敢为人先”的北海中学精神在这一时期得到了最好的诠释。

2000 年元旦，千禧年跨年通宵狂欢晚会，成为当时北海中学学生们最深刻的记忆，甚至成为他们向大学同学炫耀的资本。考虑到学生的安全问题，学校领导及老师们大都不赞成通宵狂欢，建议只举办庆祝晚会即可。但时任校长叶翠微认为，这种浅尝辄止的做法远不能让学生尽情施展自己的才情。于是，他果断决定：举办通宵晚会！给学生以充分的自由、充足的空间，让他们尽情发挥。当晚，各门才艺，各路叫卖，各色美食，各种跳蚤市场，真是热闹非凡，空气中都弥漫着青春荷尔蒙的芬芳。“通宵狂欢晚会”随之成了学生最向往的节日，这一活动也作为北海中学的传统活动被保留下来，一直延续到今天。

1998 年，叶校长力主在北海中学开办研究生课程进修班，将广西师范大学教育学部的教授们请到学校，利用节假日和寒暑假，统一授课。北海中学教师系统学习了教育哲学、现代教育技术、教育研究方法等课程，极大开阔了视野，提升了业务水平、专业素养。

此外，为提高师生的艺术鉴赏力，叶校长邀请交响乐团到学校为师生演出。为促进教师专业发展，叶校长鼓励教师出国考察开阔视野等。在那个教育蓄势待发、逐渐加速的时代，叶校长让北海中学教师率先站上了时代制高点，有了更值得憧憬的职业前景。那个时代，每位教师都为自己工作在北海中学而自豪。

2000 年，叶校长离开北海中学后，还依然关注北海中学的发展。不仅几乎每年都带专家团队到北海中学讲学，传经送宝，还与北海中学签订帮扶协议，给予学校办学全方位的扶持。时光荏苒，情怀不变。在叶校长身上，我看到的是他对教育事业执着的追求和对北海中学发展深切的关怀及期盼。

叶校长对北海中学的影响是极其深远的，而对我个人的影响也最为巨大。我本人和叶校长最初是下属和领导的关系、同事关系，但从北海到杭州，十几年过去了，我们的交往一直不断。叶校长之于我，可以说亦师亦友。从他的教育思想、教育理念和多年的教育探索中，我更加深刻地领会了教育发展的趋势、理念和方法。这些年来，我担任过主管教学的副校长，后来又任学校党总支书记负责高三年级管理，其间都会特别注重思考叶校长提出的“人性教育”，给学生以人性，还教师以自由，塑学校以品格。

举一个最小的例子。有一届高三学生，在冬季每天上午大课间30分钟的休息时间，都会进行各班的跑操活动。按以前的惯例，时间一到，一声令下，学生开跑，到时间班主任收队解散，完事。可是，细心观察，我发现，部分学生由于身体的缘故实在坚持不到底，有的没跑几步就变成走了；有的身体素质好，是可以跑完的却半道偷懒玩失踪。为此，我召集班主任及科任教师，强调教师也应该锻炼身体。当然，教师跑操看个人身体状况，也征求个人意见。能跑的年级有奖励，奖励不多，一杯牛奶，尽显关怀。教师带跑、陪跑可以起到很好的监督和激励作用，当然也可以增强体质，可谓一举两得。另外，每个班因身体缘故不能跑操的学生，一定做好登记工作，和学校医务室取得联系，了解学生身体具体状况。防备学生因体育锻炼造成不必要的身体伤害。这一系列的工作做下来，少了以往的命令，多了现在的人性关怀。

…………

我的教育故事当然不止这些，我的教育叙事，可叙的还有很多很多。30年的教育经历，我付出了很多辛苦，也收获了很多喜悦。不管未来如何，我依然执着，依然坚守——为育桃李香满园，衣带渐宽终不悔。

图书在版编目（CIP）数据

修炼领导力：优秀校长的成长手记/李雯主编. —北京 ：中国人民大学出版社，2018.4

ISBN 978-7-300-25624-5

Ⅰ.①修… Ⅱ.①李… Ⅲ.①中小学-校长-学校管理 Ⅳ.①G637.1

中国版本图书馆 CIP 数据核字（2018）第 048662 号

修炼领导力
优秀校长的成长手记
主　编　李　雯
副主编　杨秀治　余　新　孟　瑜

出版发行	中国人民大学出版社		
社　　址	北京中关村大街 31 号	**邮政编码**	100080
电　　话	010－62511242（总编室）		010－62511770（质管部）
	010－82501766（邮购部）		010－62514148（门市部）
	010－62515195（发行公司）		010－62515275（盗版举报）
网　　址	http://www.crup.com.cn		
经　　销	新华书店		
印　　刷	北京捷迅佳彩印刷有限公司		
开　　本	720mm×1000mm　1/16	**版　　次**	2018 年 4 月第 1 版
印　　张	13.25	**印　　次**	2024 年 6 月第 2 次印刷
字　　数	166 000	**定　　价**	72.00 元